THE ELEMENTS OF INVESTING

지은이

버턴 말킬Burton G. Malkiel

하버드대학교 MBA를 졸업하고 세계 최대 투자 기업인 뱅가드 그룹과 거대 보험회사인 프루덴셜에서 이사로 일했다. 뒤늦게 학문에 관심을 가진 그는 프린스턴대학교에서 박사학위를 취득하고, 예일대학교 경영학부 학장과 미국 대통령 경제자문회의 위원, 미국 금융협회 회장을 역임했다. 탁월한 업적을 인정받아 현재 프린스턴대학교의 명예교수로 재직 중이며 세계적인 베스트셀러《랜덤워크 투자 수업》의 저자이기도 하다.

찰스 엘리스Charles D. Ellis

전 세계 기관 투자자들을 상대로 투자 자문을 해 온 자산운용 분야의 전문가다. 세계적인 금융 전략 컨설팅 기관 그리니치 어소시에이츠Greenwich Associates를 설립하고 경영 파트너로 일했으며, 화이트헤드Whitehead 연구소 의장, 뱅가드 그룹 이사, 예일대학교 투자위원회 위원장을 역임했다. 하버드비즈니스스쿨과 예일대학교 경영대학원에서 고급 투자관리론을 가르쳤고, 베스트셀러《패자의 게임에서 승자가 되는 법》등 14권의 저자이며, 미국 예술과학아카데미의 회원이기도 하다.

BURTON G. MALKIEL × CHARLES D. ELLIS

지혜롭게
투자한다는 것

절대 잃지 않고 가장 오래 쌓는 투자의 대원칙

THE ELEMENTS
of
INVESTING

버턴 말킬, 찰스 엘리스 지음 | 한정훈 옮김 | 김성일 감수

부·키

옮긴이 한정훈

서강대학교 불문과에서 수학 후, 한양대학교 전기공학과를 졸업했다. 문학과 과학기술에 관심이 많으며, 현재 영어 강사이면서 출판번역 에이전시 베네트랜스에서 전문 번역가로 활동 중이다. 옮긴 도서로는 《베조스 레터》《타이탄》《21세기 지성》《넥스트 레볼루션》《마인드 리더》《레드 팀을 만들어라》《사피엔스 DNA 역사》《두려움의 기술》《스타트업 성공학》《맥킨지 금융보고서》등이 있다.

지혜롭게 투자한다는 것

2021년 3월 22일 초판 1쇄 인쇄 | 2021년 4월 1일 초판 1쇄 발행

지은이 버턴 말킬, 찰스 엘리스 | 옮긴이 한정훈 | 펴낸곳 부키(주) | 펴낸이 박윤우 | 등록일 2012년 9월 27일 | 등록번호 제312-2012-000045호 | 주소 03785 서울 서대문구 신촌로3길 15 산성빌딩 6층 | 전화 02) 325-0846 | 팩스 02) 3141-4066 | 홈페이지 www.bookie.co.kr | 이메일 webmaster@bookie.co.kr | 제작대행 올인피앤비 bobys1@nate.com
ISBN 978-89-6051-851-3 03320

사랑스러운 우리의 손자 손녀
포터, 매키, 조지, 제이드, 모건, 찰스
그리고 레이에게

요리 초보를 위한 백종원 레시피
투자 입문자를 위한 KISS 레시피

◆

2017년 8월 《타짜》《식객》 등으로 유명한 허영만 화백이 주식 투자를 직접 하며 그 내용을 만화로 연재하기 시작했다. 3000만 원으로 시작해 유명한 투자 고수 5명의 자문을 받았다. 자문단이 허 화백에게 투자 종목과 매매 시점을 코치해 주는 방식이었다. 최준철 VIP자산운용 대표 같은 제도권 고수뿐 아니라 우담 선생, 하웅, 이성호 같은 재야 고수 그리고 쿼터백자산운용의 로보어드바이저도 포함됐다.

이후 1년간 운용 성적은 31.92%로 같은 기간 코스피(-5%)와 코스닥(20%)의 수익률을 뛰어나게 앞질렀다. 만화가 인기를 끌자 2019년 4월에는 자본금을 6000만 원으로 올려 《허영만의 6000만 원》이라는 제목으로 연재했다. 화려한 자문단의 지도를 받으며 3년 간 투자한 허 화백의 두 번째 투자 성과는 어땠을까?

지난 6월 연재를 종료하면서 마지막 화에서 밝힌 허 화백의 누적 수익률은 -25.02%였다. 자문단도 모두 손실을 기록했다. 전업 투자자 하웅은 -61.17% 손실을 봤다. 그 외에도 최준철 VIP자산운용 대표 -26.84%, 손명완 세광무역 대표 -21.15%, 이정윤 밸런스투자아카데미 대표 -15.06%, 김경석 두나무투자일임 이사 -12.20% 순으로 손실을 봤다.[†]

1년 차 때의 31% 수익이나 3년 차 때의 -25% 손실이나 그때그때 상황에 따라 사연이 다를 것이다. 허 화백의 투자 결과로만 봤을 때 그는 굉장히 변동성이 큰 투자를 했음을 알 수 있다. 그가 느낀 심리적 스트레스를 수치화해 본다면 어떨까? 최종 손실은 단순하게 -25%가 아니라 좋은 수익이었던 +31%와 -25%의 차이인 -56% 쯤 되지 않을까? 이런 추측은 '기준점 효과'에 근거한다. 투자 1년 후 허 화백의 기준점은 아마도 +31%에 맞춰졌을 것이기 때문이다.

---

† 김명일, 〈직접 투자하며 '주식 만화' 그린 허영만…결국 25% 손실〉, 《한국경제》, 2020.6.19.

허 화백은 그렇게 유명한 투자 고수들에게 코치를 받았는데도 왜 성과가 좋지 않았을까? 그는 어느 인터뷰에서 이렇게 말했다.

"지난 2년간 집중적인 자습과 전문가들의 특별 과외를 받았음에도 여전히 주식은 어려워요. 어떤 책에서는 달걀을 한 바구니에 담지 말고 분산 투자하라고 하고 또 다른 책에는 '확신 있는 주식'에 몰아서 투자해야 돈을 번다고 쓰여 있어요. 책마다 얘기가 달라 주식 공부는 글로 배워서 될 일이 아니더라고요. 또 어떤 고수는 자신의 포트폴리오를 그대로 친구한테 공개했는데도 그 친구는 수익을 못 냈습니다. 만화랑 마찬가지지요. 그리는 법을 알려 줘도 못 그립니다. 결국 자기만의 투자 방식을 터득하는 길밖에는 없습니다."[†]

투자 관련 공부를 하다 보면 여러 투자 방법과 각자의 방법으로 성공을 이룬 사람들의 이야기를 접하게 된다. 초보 투자자의 경우 어느 방법이 맞는지 헷갈릴 수밖에 없다. 그렇다 보니 유명한 사람, 수익을 많이 올린 사람을 찾게 된다. 여기서 문제가 시작된다. 투자

---

† 이혜진, 〈허영만 '인생도 주식도 어려울 때가 기회…긍정적이어야 성공하죠'〉, 《서울경제》, 2020. 1. 3.

역시 사업만큼이나 다양한 성공 방식이 있다. 사업에서 큰 부를 일군 기업들의 사례가 미화되곤 하지만 실제 사업가들의 얘기를 들어 보면 그들의 성공은 '운칠기삼'이라고 한다. 즉 운의 영역이 큰 분야라는 얘기다. 기술이 좋아도 운이 나쁘면 실패하고, 운이 좋으면 크게 성공한다.

10여 년째 국내 시가총액 1위를 지키고 있는 회사는 삼성전자다. 삼성전자가 돈을 많이 번다고 해서 사업을 시작했을 때 삼성전자를 따라 하는 게 맞을까? 아니면 구글이나 페이스북 같은 회사를 따라서 사업하는 게 맞을까? 두 가지 다 말도 안 되는 소리다. 그렇다면 투자는 어떤가? 투자하는 사람 중에 '워런 버핏'을 모르는 사람은 없을 것이다. 국내에서는 최근에 언론에 자주 나오는 '존 리'나 앞서 언급된 '최준철' 등이 대중에게 많이 알려져 있다. 초보 투자자들은 이렇게 유명한 사람들의 책을 읽고, 그들의 영상을 보고, 그들의 투자 철학과 전략을 공부한다. 하지만 허 화백이 그랬던 것처럼 투자 성과는 별로 좋지 않다. 왜 그런 걸까?

주식 초보가 유명한 투자자들을 따라 투자하는 것은 요리 초보가 유명 레스토랑 셰프의 음식을 따라 만드는 것과 같다. 셰프가 레시피를 알려 주고 요리하는 장면을 영상으로 찍어 줬다고 해서 요리 초보가 그 맛을 낼 수는 없다. 주식 초보 역시 마찬가지다. 문제는 유명한 투자자들이 그들의 레시피와 투자법을 다 공개하지도 않는데, 주식 초보들이 책이나 영상만 보고 어설프게 따라 한다는 것이다. 그러니 투자는 점점 어려워질 수밖에 없다. 어쩌다 수익이 날 수도 있지만, 곧이어 큰 손실이 나기도 하는데 그럴 때 어쩔 줄 모르게 되는 것이다. 허 화백의 사례 역시 비슷해 보인다.

요리 초보에게 정말 필요한 사람은 유명 셰프가 아니라 백종원이 아닐까? 외식 사업가인 백종원은 다양한 TV 프로그램을 통해 쉬운 요리법을 전파하고 있다. "참 쉽죠잉?"이라는 말로 유명한 그는 집에 있는 재료들로 간단하게 한 끼를 해결할 수 있는 레시피를 알려 준다. 복잡하지 않고 쉽게 따라 할 수 있어 은퇴한 남자들도 그의 요리 영상을 따라서 음식을 만든다고 한다. 요리 초보인 필자조차도 그의 영상을 보면 따라 할 수 있겠다는 생각이 든다.

초보 투자자에게 필요한 사람 역시 백종원 같은 사람이 아닐까? 요리 초보에게 필요한 건 복잡하고 현란한 레시피로 만드는 듣도 보도 못한 이름의 요리가 아니다. 백종원의 레시피처럼 간단하게 골고루 영양소를 섭취할 수 있는 그런 요리다. 김치찌개나 미역국, 달걀말이로 차려 낸 한 끼 밥상 말이다. 초보 투자자에게 필요한 건

고도화된 기업 분석, 차트 패턴, 테마주 따라잡기가 아니다. 오히려 위험을 줄이며 적정한 수익률로 시작할 수 있는 레시피가 필요하다. 이 책의 저자들이 투자계의 백종원이 될 수 있지 않을까?

2020년 73세의 허영만 화백이 주식 투자의 어려움을 토로한 기사를 보면서, 1720년 70대 후반의 뉴턴이 남긴 말이 떠올랐다. "천체의 움직임은 계산할 수 있어도 인간의 광기는 도저히 측정할 수 없다." 뉴턴이 남해회사에 투자했다가 거의 전 재산인 2만 파운드(약 20억 원)의 손실을 보고 나서 했던 말이다.

이 책의 저자들은 이렇게 얘기한다. "KISS 포트폴리오는 적어도 90%의 개인 투자자들에게 적합하다." 나 역시 저자들의 말에 공감한다. 공감하는 정도가 아니라 강력히 지지한다. 90%의 개인 투자자들과 초보 투자자들은 이 책의 내용을 참고해 투자 공부를 시작하고 투자에 임하길 권한다.

김성일, 《마법의 돈 굴리기》《마법의 연금 굴리기》 저자

추천의 글

가장 단순하지만,
가장 어려운 것을 지켜 내는 힘

◆

다이어트의 비법은 단순하다. 투입되는 에너지의 양을 줄이고 사용하는 에너지의 양을 늘리면 된다. 그 간단한 일을 실천하기가 그렇게나 어렵다.

자산 관리의 비법도 단순하다. 잉여를 쌓고(버는 돈보다 적게 쓴다), 인플레이션 이상의 수익률을 올릴 수 있도록 자산 배분을 잘(시장 전체를 추종하는 ETF를 적당히 보유)하면 된다. 이 단순한 일을 실천하기가 그렇게나 어려운 이유는 무엇일까?

첫 번째는 안전에 대한 과도한 믿음이다. 우리는 태생적으로 변동성을 두려워한다. 원금 손실의 가능성을 두려워한다. 무언가 잃어버리는 것을 두려워한다. 따라서 안전하다고 생각하는 자산, 즉 예금과 금, 국채 등에 과다하게 자산을 배분한다. 예금은 장기적으로 구매력을 반드시 잃어버리는, 최악의 투자 대상이다.

두 번째는 초과 수익에 대한 과도한 믿음이다. 우리의 마음은 단기적인 변화가 향후에도 지속되리라 믿는다. 짧은 기간에 운 좋게 좋은 성과를 내고는 그 성과를 계속 낼 수 있을 것이라 착각한다. 점점 더 많은 자산을 위험한 방식으로 투자하다가 한 번의 충격으로 그동안 모아 놓은 모든 것을 날려 버린다. 안전하게 큰돈을 벌 수 있다는 착각은 독약이다.

이 책은 단순하지만 강력한, 우리가 반드시 따라야 할 투자의 지침에 대해서 하나하나 친절하게 짚어 준다. 저축의 의미, 초과 수익 달성의 어려움, 분산 투자와 자산 배분 방법, 흔히 하는 실수들, 그리고 단순화의 중요성을 알려 준다.

이 책에서 버턴 말킬과 찰스 엘리스는 이렇게 말한다. "저축의 진정한 목적은 삶을 희생시키는 것이 아니라 삶의 우선순위를 지켜 내는 힘을 키우는 것이다." 이 문장은 투자 전체에 적용할 수 있다. 투자의 목적은 삶을 희생시키는 것이 아니라 삶의 우선순위를 지켜 내는 힘을 키우는 것이다.

최근 많은 사람이 주식 투자에 뛰어들면서 힘겨운 마음을 호소

한다. 투자에 열중하는 사람이든 아예 투자를 하지 않는 사람이든 일상의 불안과 피로에 시달리고 있다. 자본시장에서의 성과는 노력의 양에 비례하지 않는 경우가 많다. 우리는 투자에 그렇게 많은 에너지를 쏟을 필요가 없다. 삶을 희생해 가며 열심히 노력하고도 오히려 가만히 있었던 사람보다 못한 성과를 내는 경우가 부지기수다. 그렇다고 아무 노력을 안 할 수도 없는 노릇이다.

이 책을 읽은 여러분은, 삶을 희생시키지 않는 최소한의 노력으로 삶의 우선순위를 지켜 내는 방법, 즉 남보다 더 노력하지 않고도 남보다 더 나은 성과를 낼 수 있는 보물 같은 방법을 찾은 셈이다. 부디 이 책과 함께 행복하고 여유로운 삶을 누리길 바란다.

홍진채, 라쿤자산운용 대표, 《주식하는 마음》 저자

차례

첫 번째 원칙

돈을 심어서 돈을 벌어라

37

초판 추천사

《지혜롭게 투자한다는 것》은 투자 분야의 위대한 사상가 두 명이 각자의 재능을 결합하여, 개인 금융에 대한 눈부신 지침을 제시하는 책이다. 주식시장을 가장 훌륭하게 분석한 책인 《랜덤워크 투자수업》과 《패자의 게임에서 승자가 되는 법》이라는 굵직한 책 두 권을 이미 저술했음에도 왜 버턴 말킬과 찰스 엘리스는 이 고전적인 주제를 위해 다시 펜을 든 걸까? 개인 투자자를 위한 조언으로 불협화음만 난무할 뿐, 그 속에서 제대로 된 목소리가 거의 들리지 않는다는 안타까운 현실 때문이다. 이 책의 본문에서 인용한 '모든 것을 더는 단순하게 만들 수 없을 때까지 최대한 단순하게 만들어야 한다'라는 알베르트 아인슈타인의 격언처럼, 두 명의 저자는 자신들이 강조해 온 메시지의 핵심만 요약해 일반 독자들에게 중요한 원칙으로 제시한다.

일반적으로 투자자들은 자산 배분, 시점 선택, 종목 선택이라는 세 가지 도구를 활용해 포트폴리오를 관리한다. 자산 배분은 투자자가 선택한 각 자산군에 대해 장기적인 목표를 설정하는 것이고, 시점 선택은 장기적인 자산 배분 목표와는 반대로 단기적인 매매 기회를 포착하는 것이다. 마지막으로 종목 선택은 투자자가 수익을 내기 위해 선별하는 자산군의 구축을 의미한다.

말킬과 엘리스가 자산 배분에 초점을 맞추는 이유는 자산 배분이 투자 수익률의 100% 이상을 좌우하기 때문이다. 어떻게 그럴 수 있는 것일까? 시점 선택과 종목 선택에는 월스트리트의 브로커들이 가져가는 자문료, 수수료와 같은 상당한 비용이 수반된다. 즉, 대리인에게 지불하는 투자 운용 비용으로 인해 투자자는 저조한 성과를 거두게 된다. 시점 선택과 종목 선택이라는 값비싼 행동은 투자자가 얻을 수 있는 수익을 감소시키기 때문에 자산 배분이 투자 수익률의 100% 이상을 좌우한다고 말하는 것이다.

말킬과 엘리스는 투자자들이 지속적으로 잘못된 시점을 선택하고, 반짝하는 실적을 쫓아다니며, 느리게 움직이는 주식을 투매하고 있다는 것에 주목한다. 뮤추얼 펀드 매매에 관한 수많은 연구를 살펴보면, 투자자는 시점을 선택할 때 그 가치를 외면하고, 높은 가격에 사서 낮은 가격에 팔고 있다는 결론을 확인할 수 있다. 말킬과 엘리스는 일관성 있는 장기 전략을 채택하여 꾸준히 밀고 나가야 한다는 현명한 조언을 투자자들에게 건넨다.

종목 선택 결정은 수익률을 더욱더 감소시킨다. 말킬과 엘리스는 대다수의 액티브 펀드매니저들이 저비용 인덱스 펀드 전략이 올리는 수익률을 넘어서지 못한다는 우울한 통계를 인용한다. 기록된 암울한 숫자들은 그 심각성의 일부만 보여 줄 뿐이다. 엘리스와 말킬이 인용한 수치는 그나마 뮤추얼 펀드 세계에서 비교적 성공을 거두고 살아남은 펀드에 대한 것이다. 비참한 수익을 내고 실패한 회사는 어디에서도 찾아볼 수 없으며, 수많은 펀드가 증발해 버렸다. 현재 존재하지 않는 펀드를 포함해 모든 뮤추얼 펀드에 대한 데이터를 수집하는 시큐리티 프라이스 연구센터The Center for Research in Security Prices에 따르면, 2008년 12월까지 그들은 약 3만 9000개의 펀드를 찾아냈으며, 그중 여전히 활동하는 펀드는 약 2만 6000개뿐이었다. 실패한 1만 3000개의 펀드는 현재 실적 기록이 없기 때문에 저자들의 과거 수익률 데이터에는 나타나지 않는다 (즉 그들은 영원히 사라진 것이다). 사라진 뮤추얼 펀드의 비율은 저비용 인덱스 펀드에 투자하라는 말킬과 엘리스의 충고에 설득력을 실어 준다.

물론 이 얇은 책에도 논쟁거리는 있다. 나는 주택 소유를 투자

자산이 아니라 소비재로 봐야 한다고 생각한다. 또한 나는 말킬과 엘리스가 개인적으로 주식 투자에 성공한 이야기에서 종목 선택에 대해 암묵적인 지지를 보내는 것에 대해 불편함을 느낀다(현대 금융계의 거물급 학자 두 명이 시장을 어떻게 이길지 알아낸다는 것이 과연 놀라운 일일까? 물론 그들은 좋은 주식을 고를 수 있지만, 나머지 우리에겐 불가능한 일이다). 나는 저자들보다 더욱 적극적으로 뱅가드를 추천한다. 뱅가드는 TIAA-CREF[†]와 마찬가지로 비영리적인 방식으로 운영되기 때문에 자금 운용 업계에 만연한 수익 추구와 책임감 사이의 갈등을 제거했다. 그런 논쟁거리를 제외하면 이 책은 중요하고 매우 가치 있는 메시지를 효과적으로 전달하고 있다.

1970년대 후반 내가 예일대학교에서 박사과정을 밟고 있을 때 논문 지도교수였던 노벨상 수상자 제임스 토빈James Tobin 교수는 시장이 실제로 어떻게 작동하는지 알고 싶으면 《랜덤워크 투자 수업》을 읽으라고 권유했다. 버턴 말킬의 이 탁월한 저서는 나의 학문 연구에 결정적인 기반이 되었다. 1980년대 중반 기부금 운용

[†] TIAA는 교원보험연금협회Teachers, Insurance, and Annuity Association를, CREF는 대학퇴직주식기금College Retirement Equities Fund를 뜻한다. - 감수자

을 위해 예일대로 돌아왔을 때, 나는 우연히 엘리스의 책《패자의 게임에서 승자가 되는 법》의 예고편인《투자 정책Investment Policy》을 읽게 되었고, 그 놀라운 책 덕분에 투자 운용에 대한 수많은 접근법을 알게 되었다. 그리고 지금 버턴 말킬과 찰스 엘리스가 우리 모두를 위해 투자에 대한 훌륭한 입문서를 출간했다. 그들의 충고를 따르는 투자자들에게는 밝은 미래가 기다리고 있을 것이다!

데이비드 스웬슨David F. Swensen
예일대학교 최고투자책임자CIO
2009년 7월

10주년 개정판 추천사

1999년 오세올라 매카티Oseola McCarty 여사는 91세를 일기로 세상을 떠나면서 서던미시시피대학교에 15만 달러를 기부했다. 이 공로로 그는 대학에서 명예 학위를 받았고 미국에서 두 번째로 명예로운 '대통령 시민상Presidential Citizens Medal'을 받았다. 그의 기부가 더욱 특별했던 이유는 세탁 일을 하면서 꾸준히 저축한 돈이었기 때문이다.

매카티 여사는 어머니에게 아주 어린 시절부터 위대한 절약가가 되라는 가르침을 받았다. 그는 근검절약을 실천하면서 생활에 필요한 최소한의 지출만 하고 사치품은 모조리 포기했다. 삼촌에게 물려받은 작은 집에서 살았고 중고 텔레비전으로 공중파에서 수신할 수 있는 프로그램만 시청했다. 자동차를 소유하지 않았고 어딜 가든 걸어 다녔다. 그는 일평생 약 25만 달러에 이르는 놀라운 금액을 저축했다. 매카티 여사는 절제할 줄 아는 절약가의 모범적인 사례다. 그는 '약간의 의지력과 절약 습관으로 큰돈을 만들 수 있다'라는 진리를 몸소 보여 줬다. 이것은 대부분의 건실한 재정 계획에서 가장 중요한 것으로 꼽히는 원칙이며, 버턴 말킬과 찰스 엘리스의 이 훌륭한 책에서도 이 교훈을 첫 번째 원칙으로 내세운다.

지난 수십 년간 말킬의 《랜덤워크 투자 수업》과 엘리스의 《패자의 게임에서 승자가 되는 법》은 수백만 명의 독자에게 투자의 기본을 이해하고 재정적인 목표를 달성할 수 있도록 도와주었다. 그들은 이 책에서 자신들의 지혜와 경험을 합리적인 원칙으로 요약해 보통 사람들도 저축과 투자에 적용할 수 있도록 한다.

어떤 펀드매니저들은 능력 있는 최고의 전문가들만이 투자에 성공할 수 있다고 주장한다. 그리고 물론 자신들이 그 소수의 일원이라고 강조한다. 말킬과 엘리스는 투자에 성공하는 것이 특별한 소수의 전유물이 되어서는 안 된다고 말한다. 축구 경기에서 항상 최고의 공격수가 있어야 승리하는 건 아니다. 개인 투자자들은 수비와 태클의 전쟁에서 이겨야 한다.

이 책은 효율적인 저축과 투자를 통해서 삶의 목표를 달성할 수 있는 로드맵을 제시한다. 그 로드맵은 '언제 그 돈이 필요한가?' 그리고 '투자 리스크를 얼마나 잘 감당할 수 있는가?'와 같은 기본적인 질문에 대한 답을 찾는 것에서 시작된다. 이러한 질문에 대한 대답은 여러분이 주식, 채권, 현금 간의 적절한 자산 배분을 구성하는 데 도움을 줄 것이다.

자산 배분은 균형 잡힌 관점으로 접근해야 하고 투자는 폭넓게 분산되어야 한다. 무엇보다 저자들은 투자에 반드시 비용이 적게 들어야 한다고 강조한다. 투자에 있어서 한 가지 확실한 것은 비용을 많이 쓰면 쓸수록 더욱 적은 수익을 돌려받게 된다는 것이다. 저자들은 저비용 인덱스 펀드에 투자하는 것이 투자 계획을 실행하는 가장 좋은 방법이라고 결론짓는다.

스포츠에서 수비수의 일이 그렇듯이, 확실히 인덱스 펀드 투자 전략은 그렇게 매력적으로 보이지 않는다. 하지만 나는 웬만한 투자자라면 이 전략을 따를 때 더 나은 결과를 얻을 것이라고 감히 주장하려 한다. 내가 몸담았던 뱅가드에서도 이 전략을 권장해 왔으며, 실제로 수많은 고객이 훌륭한 결과를 얻었다.

전문가들은 예전의 낡은 원칙들이 더 이상 적용되지 않는 시대라는 주장을 매일 같이 쏟아 낸다. 그들은 매수 후 보유하기 전략을 포기하고 좀 더 기회주의적으로 투자해야 한다고 사람들에게 말한다. 전문가들은 수십 년 동안 그렇게 말해 왔다. 말킬과 엘리스는 이러한 주장을 정면으로 반박한다. 영리한 전문가들이 내세우는 시장의 고저를 파악할 수 있다는 주장이 직관적으로는 꽤 그럴듯해 보이지만, 그런 전문가 중 대다수는 이 책의 저자들이 강조하는 절제된 저비용 투자 원칙의 장기적인 수익률을 능가하지 못했다.

앞으로는 결과가 달라진다는 그들의 말을 믿어야 할까? 저자들은 초판에서 제시한 원칙을 재확인하고 이를 뒷받침하는 근거를 제시한다. 분산 투자, 포트폴리오 재분배, 정액 분할 투자법, 그리고 저비용 인덱스 펀드는 여전히 성공적인 투자를 위한 최고의 원칙이다.

《지혜롭게 투자한다는 것》은 투자를 처음 시작하는 사람이든, 오랜 기간 투자를 해 온 사람이든 투자의 원칙이 필요한 사람이라면 모두가 꼭 읽어야 할 책이다. 연령대 또한 상관없다. 저축과 투자를 일찍 시작할수록 특히 복리의 가치가 더욱 커지기 때문에 고등학생이라면 더욱더 이 책을 읽을 필요가 있다. 베테랑 투자자들도 이 책을 읽음으로써 새로운 깨달음을 얻을 것이다. 이 책이 성공적인 투자를 가로막는 수많은 실수와 오류를 지적하고, 잘못된 행동을 고쳐 줄 것이기 때문이다.

그리고 세이렌의 노래에 흔들리지 않기 위해 여러분은 적어도 몇 년마다 이 책을 다시 꺼내서 읽어야 한다. 투자 분야에서 오랫

동안 경력을 쌓아 온 나 또한 이 책에서 제시하는 간단한 원칙들이
야말로 평범한 투자자들을 특별한 성공으로 이끌어 준다는 사실을
여러 번 확인했으니 말이다.

조지 "거스" 사우터George U. "Gus" Sauter

前 뱅가드 그룹 최고투자책임자CIO

2019년 7월

10주년 개정판 추천사

"노력, 고통, 어려움만이
이 세상에서 오직 가치 있는 일이다."
– 시어도어 루스벨트, 1910년

투자에 성공하려면 많은 돈과 복잡한 포트폴리오, 혹은 시장의 흐름에 대한 상세한 예측이 필요하다는 것은 잘못된 인식이다. 때로는 가장 단순한 접근법이 가장 강력한 전략이 된다. 이 책에서 버턴 말킬과 찰스 엘리스는 장기간에 걸쳐 자산을 늘리기 위해서 투자자라면 누구나 실천할 수 있는 간결하고 명료한 원칙들을 훌륭하게 제시한다.

하지만 단순하다고 해서 그것이 곧 쉽다는 뜻은 아니다. 새해에는 건강을 위해 열심히 운동하겠다고 결심해 본 사람이라면 이 말이 무슨 뜻인지 알 것이다. 첫날은 의욕으로 가득 차 있지만, 일주일쯤 지나면 처음의 마음가짐이 느슨해진다. 한 달쯤 지나면 대부분은 예전의 낡은 습관으로 되돌아가 있다.

투자가 어려운 이유는 복잡해서가 아니라 인내심과 끈기가 필요하기 때문이다. 말킬과 엘리스가 단순함과 절제를 강조하는 이유도 바로 그 때문이다. 뱅가드는 이 책에서 제시하는 최고의 실천 전략을 분석하여, 투자자들이 이를 따를 때 얻게 되는 가치를 계산한 바 있다. 그 결과 투자자는 저비용 포트폴리오를 보유하고, 적절하게 재분배하고, 세금 효율성을 유지하며, 단기적인 수익을 추종하지 않는다면, 연간 순이익을 최대 3%까지 증가시킬 수 있다. 이렇게 25년쯤 지나면 절제된 접근법을 따르는 포트폴리오는 그렇지 않은 포트폴리오에 비해 2배 이상의 가치를 갖게 될 것이다.

신문 헤드라인이나 증권 방송의 전문가들은 인기 있는 주식을 매수하고 시장의 움직임에 대해 복잡한 예측을 하는 것이 여러분의 자금을 키우는 방법이라고 떠들겠지만, 그건 진실이 아니다. 주택을 매매하거나 자녀를 대학에 보내거나 은퇴 자금을 저축하는 것과 같은 중대한 재정 목표를 달성하는 데 있어서 지름길이란 없다. 올바른 투자 전략은 화려하지도 않고 재미도 없다(절제를 통해 성공에 이른 수백만 명의 고객을 보며 흐뭇함을 느끼는 나 같은 사람이 아니라면). 투자와 투기를 혼동시키는 앱App이나 웹사이트를 조심하라. 투자는 장기간에 걸쳐 꾸준히 부를 쌓아 가는 것이다. 잦은 매매는 카지노 도박이나 마찬가지다. 잠깐 짜릿한 승리를 맛볼 순 있지만 결국 이기는 건 딜러뿐이다.

이 책은 여러분의 투자 여정을 함께하는 동반자가 되어 줄 것이다. 투자는 복잡한 것이라는 근거 없는 신화를 깨뜨리고, 모든 투자자가 적용 가능하며 오랜 시간에 걸쳐 입증된 투자 원칙을 제시하면서 말이다. 여러분이 시장에 이제 막 입문한 개인 투자자든, 수십 년의 경험을 가진 노련한 전문가든 상관없다. 저자들의 현명한 충고를 따라서 절제하는 투자 원칙을 지키는 것은 누구에게나 유익할 것이고, 여러분의 재정 목표를 달성하는 데 커다란 도움이 될 것이다.

팀 버클리Tim Buckley
뱅가드 그룹 회장 겸 CEO
2020년 8월

프롤로그

100년 넘게 투자하고
우리가 알게 된 것들

◆

이 책에는 112년간의† 연구와 경험을 통해 우리가 항상 이야기하고 싶었던 '투자의 원칙'이 담겨 있다. 경험이야말로 최고의 교사임이 분명하지만, 그러기에는 너무 비싼 수업료를 지불해야한다. 우리의 목표는 (우리의 사랑스러운 손자 손녀들을 포함한) 개인투자자들에게 저축과 투자에 있어서 평생 성공할 수 있게 하는 '기본 원칙'을 두 시간 만에 읽을 수 있도록 간결하게 제시하는 것이다. 이미 시중에는 투자에 관한 좋은 책이 많이 출간되었다 (그중에 우리가 직접 쓴 책도 몇 권 있다). 그러나 대부분의 투자 서적

---

† 말킬의 경력은 58년, 엘리스의 경력은 54년이다.

은 꽤 두껍고, 복잡한 세부 사항을 하나하나 다루고 있어서 일반 인들이 읽기에는 쉽지가 않다.

여러분이 보통 사람들과 비슷하다면, 그 엄청난 세부 사항을 읽어 나갈 인내심은커녕 관심도 없을 것이다. 사람들은 곧바로 핵심에 도달하기를 원한다. 그러나 재정적인 의사 결정을 할 때 는 균형 잡힌 정보를 통해서 비용이 많이 드는 투자 오류를 피하 는 것이 그 무엇보다 중요하다.

그래서 우리는 읽기 쉽고 복잡하지 않은 이 작은 책을 통해 가장 중요한 교훈을 제시하려고 한다. 혹시 고전이자 명작인 윌 리엄 스트렁크William Strunk Jr.와 E. B. 화이트E. B. White의 책《글 쓰기의 요소The Elements of Style》에 대해 알고 있다면, 이 책을 쓰 게 된 영감의 원천이 무엇인지, 또 왜 이토록 간결하게 썼는지 알 수 있을 것이다. 스트렁크와 화이트에 대해 잘 모른다고 해도 그리 걱정할 필요가 없다. 여러분이 알아야 할 것은 그들이 강력 한 글쓰기의 기술을 몇 가지 기본 원칙과 예문으로 요약해 냈다 는 점이다. 손안에 들어오는 작은 책에서 그들은 정말로 중요한, 글쓰기에 대한 모든 것을 간결하고도 정확하게 제시했다. 스트 렁크와 화이트의 얇은 고전은 이미 수십 년간 사랑받아 왔고, 앞

투자할 자금이 없다면 수익률이 2%든, 5%든, 심지어 10%든 당신에게 아무런 의미가 없다.

으로도 영원히 명작으로 남을 것이다.

이제 '투자'라는 똑같이 중요한 주제에 대해서 우리가 세운 목표를 감히 말하려 한다. 그런 골치 아픈 주제에 관해 중요한 모든 내용을 손가락으로 꼽을 수 있는 원칙으로 요약했다는 건 정말 놀라운 일이다. 그렇다. 만약 여러분의 머릿속이 복잡한 세금 계산으로 혼란에 빠지지만 않는다면, 투자는 정말로 간단한 것이다. 이 책에서 제시한 원칙들은 당신의 인생에 실제로 큰 변화를 일으킬 것이다.

우리는 이렇게 약속하려 한다. 이 책을 읽는 시간은 장기적이고 안정적인 자산 증식이라는 올바른 길을 가기 위해 여러분이 투자할 수 있는 최고의 시간이 될 것이다. 그다음 평생 동안 이 책을 손에 쥐고 수시로 그 교훈을 되새기면서 무엇이 기본인지 자신에게 상기시키는 것은 여러분의 몫이다. 투자라는 패자의 게임을 당신이 승자가 되는 게임으로 정말 바꾸고 싶다면 말이다.

이 책은 투자에 관한 짧고 솔직한 이야기다. 우리의 목표는 독자들이 저축을 통해 재정적 안정성을 향상하고, 더 나은 투자 결정을 내릴 수 있도록 도움으로써 여러분이 경제적인 성공을 얻고, 편안하고 안정적인 은퇴로 나아갈 수 있도록 길을 알려 주는 것이다.

보통 사람들이 혼자 하기엔 투자가 너무 어려운 일이라는 전문가들의 말에 현혹되지 말자. 우리는 모든 사람이 건강한 투자 결정을 내릴 수 있다는 사실을 보여 주려 한다. 하지만 투자할 자금이 없다면 수익률이 2%든, 5%든, 심지어 10%든 당신에게 아무런 의미가 없다.

모든 것은 저축에서 시작되기 때문이다.

I

SAVE

첫 번째 원칙

돈을 심어서 돈을 벌어라

저축부터 시작하자. 투자 자금의 규모보다 더욱 중요한 건 가능한 한 일찍 저축을 시작하고, 꾸준히 저축할 수 있도록 라이프스타일을 고쳐 나가는 것이다. 어떤 은행의 표지판에는 이런 문구가 적혀 있다.

"이곳에서 한 걸음씩 안전한 미래를 만들어 갈 수 있습니다. 하지만 저축을 시작하기 전에는 아무런 의미가 없습니다."

부를 축적하는 가장 빠른 방법은 단순하다. 들어오는 돈보다 나가는 돈이 적으면 된다. 그러면 마법처럼 부자가 된다. 수입이 지출을 초과하기 때문이다. 저축을 하면 충분한 돈이 아닌, '더'

많은 돈을 얻게 된다. 최근에 대학을 졸업한 사람이든 이미 백만 장자가 된 사람이든 아무 상관이 없다. 성실하게 보람 있는 삶을 살아온 학교 선생님이 100만 달러가 넘는 재산을 남겼다는 이야 기를 들어 본 적이 있을 것이다. 그것이 바로 신중하게 소비하는 삶을 산 사람이 얻는 진정한 풍요로움이다. 그리고 우리는 한 가지 중요한 진실을 알고 있다. 바로 그 선생님은 열심히 저축한 사람이었다는 것이다.

하지만 정반대 사례도 있다. 연간 소득이 1000만 달러가 넘는데도 항상 자금 부족에 허덕이며 가족의 재산을 축내는 남자가 있다. 이유가 뭘까? 그가 개인 비행기와 호화로운 주택을 소유하고 그림을 자주 구매하는 등 사치와 향락을 즐기면서 많은 돈을 쓰는 라이프스타일을 가졌기 때문이다. 그런데도 이 남자는 비참할 정도로 불행했다.

《데이비드 코퍼필드》에서 찰스 디킨스가 창조한 주인공 윌킨스 미코버Wilkins Micawber는 유명한 말을 남겼다.

"1년에 20파운드를 벌어 19파운드 6펜스를 쓰는 사람에게 남는 건 행복이다. 똑같이 1년에 20파운드를 벌지만 20파운드 6펜스를 쓰는 사람에게 남는 건 고통이다."

저축이 훌륭한 이유는 두 가지다. 첫 번째는 나중에 땅을 치며 후회하지 않을 수 있다는 것. 시인 존 그린리프 휘티어John Greenleaf Whittier가 지적했듯이, 세상의 모든 혀와 펜에서 나오는 말 중 가장 슬픈 것은 '그랬어야 했는데'라는 뒤늦은 후회다.[†] '그렇게 했더라면' 그리고 '그러지 않았더라면' 역사는 달라질 수 있다. 두 번째 이유는 상당히 긍정적이다. 저축하는 사람들은 그 과정을 즐기고, 늘어나는 숫자를 보면서 안정감과 성취감을 느낀다. 현재만이 아니라 미래에도 선택의 자유를 더 많이 누릴 수 있기 때문이다.

미래에 후회할 일을 만들지 않는 것은 모두에게 매우 중요하다. 그러나 지금 후회하지 않는 것 역시 중요하다. 합리적인 저축은 바람직하지만, 박탈감을 느낄 정도로 저축하는 것은 좋지 않다. 너무 무리하게 저축하려고 애쓰지 말라는 얘기다. 우리에게 필요한 건 지속적으로 삶에 적용할 수 있는 저축 방법을 찾아서

---

†   1856년에 발표된 〈모드 뮬러Maud Muller〉라는 시에서 인용한 것이다.

새로운 습관으로 만드는 것이다.[†]

저축의 진정한 목적은 삶을 희생하는 것이 아니라 삶의 우선순위를 지켜 내는 힘을 키우는 데 있다. '마른 수건에서 물을 짜내기' 위해, 혹은 박탈감에 빠지기 위해 우리가 힘들여 저축하는 건 아니지 않은가. 저축의 목표는 스스로 최선의 선택을 함으로써 인생과 삶의 방식에 더 좋은 의미를 부여하는 것이다.

저축은 미래에 우리가 맞이할 중요하고 매력적인 기회를 놓치지 않도록 해 준다. 또한 저축은 안정적으로 노후를 즐길 수 있게 해 준다. 당신이 진정으로 원하고, 필요로 하고, 즐기고 싶은 것을 더 많이 할 수 있는 방법으로 저축을 고려해 보라. 저축을 당신에게 도움이 되는 친한 친구로 만들어야 한다.

---

† 혹은 말콤 글래드웰Malcolm Gladwell이 그의 책 《블링크》(김영사, 2020)에서 이야기했듯 키가 더 커지려고 노력하는 것도 하나의 방법이다. 우리 사회는 키 큰 사람을 선호하기 때문에 180센티미터가 넘으면 더 많은 급여를 받는 직업을 구할 수 있고, 그렇게 되면 연간 수입이 5000달러 이상 늘어난다.

먼저 나쁜 습관부터
끊어라

저축의 첫 번째 단계는 낭비하는 일 자체를 피하는 것이다. 특히 신용카드 한도를 늘려서 버는 것보다 더 많은 돈을 쓰는 것을 피해야 한다. 저축과 투자에 있어서 한 가지 절대적인 규칙은 신용카드 빚을 아예 지지 않는 것이다. 이 규칙은 무슨 일이 있어도 어겨서는 안 된다. 절대로 말이다. 《딜버트Dilbert》를 그린 만화작가 스콧 애덤스Scott Adams는 신용카드를 '대출업계가 만들어 낸 마약'이라고 부른다. 처음에는 순간적인 만족감을 주지만 점점 중독되어 기차역 대합실의 노숙자로 전락시키기 때문이다.

신용카드는 훌륭한 발명품이다. 하지만 당신에게 훌륭한 발명품이 아니라 카드회사에만 훌륭한 발명품이다. 신용카드는 매우 편리하지만 좋은 일에는 항상 한계가 있다. 신용카드 한도는 당신이 정한 '신용 한도'가 아니다. 유일하고, 합리적인 신용카드 빚의 한도는 '0'뿐이다.

신용카드는 유혹적이다. 아무 생각 없이 소비를 즐기다 보면 어느새 빚이 눈덩이처럼 불어나게 된다. 카드회사는 당신에게 한 꺼번에 빚을 갚으라는 요구를 절대로 하지 않는다. 매달 적은 금 액을 갚아 나가도록 '자비롭게' 허락한다. 당신이 너무나 쉽게 카 드를 긁는 건 그 때문이다. 돈을 너무 많이 빌렸다고 통보하는 '청구서'를 받기 전까지 당신의 부채는 쌓이고 또 쌓인다. 빚이 늘 어날수록 이자율은 높아지고 당신은 어떻게든 돈을 마련해서 신 용카드 대금을 납부해야 한다. 그리고 마침내 당신은 빚만 지는 게 아니라 위험에 처하게 된다. 카드회사의 요구 사항을 이행하 지 않으면 법적 조치가 취해지기 때문이다.

명심하라! 절대로 신용카드 빚을 지면 안 된다.

일찍 저축을 시작하라
: 시간은 돈

느리지만 확실하게 부자가 되는 비결은 복리의 기적에 있다. 알 베르트 아인슈타인은 복리를 '우주에서 가장 강력한 힘'이라고 불 렀다. 복리의 개념은 단순히 원금에 이자가 붙는 게 아니라 누적된 이자에 또다시 이자가 붙는 것이다.

복리는 왜 강력한 것일까? 미국 주식시장을 예로 들어 보자. 주식은 지난 100년 동안 투자자들에게 연평균 10%에 가까운 수익률을 안겨 주었다. 물론 수익률은 해마다 크고 작게 달라지지만, 복리의 개념을 설명하기 위해 매년 정확히 10%씩 수익이 생긴다고 가정해 보자. 만약 당신이 100달러의 자금으로 투자를 시작한다면, 첫해 말

느리지만 확실하게 부자가 되는 비결은 복리의 기적에 있다.

당신의 계좌에는 원금 100달러와 수익 10달러를 합한 110달러가 쌓이게 된다. 첫해에 벌어들인 수익 10달러를 재투자하면, 2년 차 투자는 110달러로 시작해서 11달러를 벌게 되고, 2년 말이면 원리합계가 121달러로 늘어난다. 3년 말이면 12.1달러의 수익이 생겨서 당신의 계좌에는 이제 133.1달러가 들어 있다. 이런 식으로 10년 차가 되면, 단리의 경우 수익이 연간 10달러에 불과하지만, 복리의 수익은 약 60달러가 많은 260달러에 이르게 된다. 복리는 이렇게나 강력하다!

놀라운 72의 법칙

'놀라운 72의 법칙'에 대해 알고 있는가? 몰랐다면 지금이라도 배워서 영원히 기억해 두자. 72의 법칙은 복리의 비밀을 간단하게 밝혀 주는 수식으로 다음과 같다.

$$X \times Y = 72$$

설명하면, 당신의 자금이 2배로 늘어나는 데 걸리는 시간 X와 당신의 수익률 Y를 곱하면 72가 된다는 뜻이다. 다음의 예를 보면 단번에 이해가 될 것이다. 10년 만에 자금을 2배로 늘리려면 수익률이 얼마가 되어야 할까? $10 \times X = 72$이므로, 정답은 $X = 7.2\%$가 된다.

이 법칙을 응용하는 또 다른 방법이 있다. 72를 수익률로 나눠서 돈을 2배로 늘리는 데 걸리는 시간을 알아내는 것이다. 예를 들어 8%의 수익률로 당신이 가진 자금을 2배로 늘리려고 한다면 시간이 얼마나 걸릴까? 답은 간단하다. $72 \div 8 = 9$이므로 9년이다.

한 번 더 계산해 보자. 3% 수익률로 당신의 돈을 2배로 늘리려면 얼마나 걸릴까? 72÷3=24이므로 정답은 24년이다. 다른 방법으로 계산할 수도 있다. 누군가 당신에게 찾아와 투자 자금을 4년 만에 2배로 불려 주겠다고 제안한다면, 그는 매년 얼마의 수익률을 올리겠다고 약속하는 걸까?

72÷4 =18이므로 정답은 18%

72의 법칙을 이해한 사람은 그 연쇄 작용에도 관심이 갈 것이다. 10%의 수익률로 7.2년 동안 원금이 2배로 증가한다면, 그다음 7.2년 동안 원리합계는 또다시 2배로 증가한다. 다시 말해서 당신의 원금은 15년 내에(정확하게는 14.4년 만에) 4배로 불어나고, 28.8년 후에는 16배로 불어난다.

따라서 현재 여러분이 25세라면, 그리고 멋진 고급 레스토랑에서 와인 한 잔 마실 돈을 절약한다면, 30년 후 여러분은 복리의 혜택을 만끽하면서 배우자와 함께 바로 그 레스토랑에서 성대한 저녁 만찬을 즐길 수 있다. 이러한 복리의 강력한 힘 때문에 일찍부터 저축과 투자를 시작하는 것이 유리하다고 입을 모아 인정하는 것이다. 시간의 강력한 힘이 당신을 위해 작동하도록 만드는 건 정말이지 근사한 일이다.

분명히 시간은 돈이지만 조지 버나드 쇼George Bernard Shaw가 말했듯이 '젊은이들은 청춘을 낭비한다.' 우리가 지금에야 알게 된 시간의 소중함을 젊었을 때 깨달았다면 얼마나 좋았을까. 돈이 오랫동안 복리로 누적될 때 그 결과는 엄청난 금액으로 돌아올 수 있다. 만약 조지 워싱턴George Washington이 처음으로 받은 대통령 월급에서 1달러만 8%의 수익률(지난 200년 동안 주식의 평균 수익률)로 투자했다면, 오늘날 그의 후손들은 약 800만 달러를 유산으로 상속받았을 것이다. 미국 1달러짜리 지폐에서 워싱턴의 얼굴을 마주할 때마다 이 점을 떠올려 보라.

벤저민 프랭클린Benjamin Franklin은 우리에게 이러한 원칙을 가정이 아니라 실제 사례를 통해 보여 준다. 1790년에 사망한 프랭클린은 가장 좋아했던 두 도시 보스턴과 필라델피아에 각각 약 5000달러를 기부하겠다는 유언장을 남겼다. 그런데 유언에는 그 돈을 투자해 100년 후와 200년 후 특정 날짜에 인출하라는 조건이 명시되어 있었다. 100년 후, 두 도시가 공공사업에 쓰기 위해 기금을 열었을 때, 각각 50만 달러를 인출할 수 있었다. 그리고 200년 후인 1991년에는 나머지 금액 전부를 인출할 수 있었는데, 이 금액은 복리로 무려 2000만 달러에 달했다. 프랭클린의 사례는 극적으로 우리에게 복리의 힘을 깨우쳐 준다. 복리의 힘에 대해 프랭클린은 이렇게 표현했다.

"돈이 돈을 번다. 그 벌어들인 돈이 또다시 돈을 번다."

현대로 돌아와 이제 65세가 된 쌍둥이 형제 윌리엄과 제임스의 사례를 살펴보자. 쌍둥이 형인 윌리엄은 45년 전 20세였을 때 은퇴 자금 계좌를 개설했고, 매년 초에 4000달러씩 납입했다. 그는 20년 동안 총액 8만 달러를 납입한 후 신규 납입을 중단했지만 누적된 금액은 세금이 면제돼 연 10%의 수익을 올렸다. 쌍둥이 동생인 제임스는 40세 때(윌리엄이 납입을 중단한 직후) 은퇴 자금 계좌를 개설했고, 이후 25년간 매년 4000달러씩 총액 10만 달러를 납입했다. 두 형제가 65세가 되었을 때 과연 누가 더 많은 은퇴 자금을 모았을까? 그 결과는 매우 놀랍다.

➡ **윌리엄의 계좌에는 약 250만 달러가 있었다.**

➜ 제임스의 계좌에는 40만 달러 미만이 있었다.

이 경주에서 완승을 거둔 사람은 놀랍게도 윌리엄이었다. 제임스보다 적은 돈을 납입했는데도 불구하고 윌리엄의 누적 금액은 200만 달러가 넘었다. 여기서 얻을 수 있는 교훈은 분명하다. 일찍 저축을 시작해서 복리의 기적을 더 오랫동안 활용하면 훨씬 더 많은 은퇴 자금을 모을 수 있다는 것이다.

실제 주식시장 수익률을 적용해도 수십 개의 비슷한 사례를 찾아낼 수 있다. 한 투자자는 일찌감치 저축을 시작했지만 매년 주식시장이 최고점에 달했을 때 최악의 타이밍에 투자했다. 또 다른 투자자는 늦게 저축을 시작했지만, 세상에서 가장 운이 좋았던 덕분에 매년 시장의 바닥에서 매수했다. 과연 결과는 어땠을까? 첫 번째 투자자는 두 번째 투자자에 비해서 더 적은 돈을 가장 최악의 시점에 투자했지만, 더 많은 돈을 모았다.

적절한 투자 시점을 골라내는 행운을 얻는 건 물론 좋은 일이긴 하지만, 타이밍보다는 투자 기간이 훨씬 중요하다. 은퇴 자금 저축 계획을 뒤로 미룰 그럴듯한 핑계는 항상 존재하게 마련이다. 하지만 그런 핑계는 찾지 말자. 시간을 당신 편으로 만들어야 한다. 확실하게 돈을 모으기 위해서는 현명하게(한 발 한 발 나아가며) 그리고 지금 당장 저축을 시작해야 한다.

모든 금융 전략과 마찬가지로 72의 법칙 또한 지혜롭게 활용해야 한다. 이 법칙이 당신에게 유리하게 적용될 때는 너무나 훌륭한 결과를 내놓지만, 당신에게 불리하게 적용될 때는 끔찍한 결과를 초래한다. 그래서 신용카드 부채가 위험한 것이다. 신용카드 빚에는 '일반적으로' 18%라는 이자율이 부과된다. 그리고 즉시 납부하지 않으면 얼마 후에는 이자의 이자와 이자의 이자에 대한 이자까지 내야 한다.

신용카드 부채는 훌륭한 투자와 정반대 지점에 있다. 투자 수익이 그렇게 빠른 속도로 불어난다면 누구나 부자가 되지 않을까? 물론 당신뿐 아니라 세상 사람 모두가 그렇게 되길 원한다. 18%의 빚은 단 4년 만에 2배가 되고, 그다음 4년 후에 다시 2배가 된다. 복리가 적용되므로 8년이 지나면, 빚은 4배로 불어난다! 신용카드의 무서움을 모르는 사람들에게 은행들이 끈질기게 가입을 권유하는 이유가 바로 그 복리 때문이다. 그리고 당신이 신용카드 빚을 절대로 만들지 말아야 할 이유이기도 하다.

요령 있게 저축하라

우리 귀에 벌써 불평의 목소리가 들려온다. "나도 안정된 은퇴로 가는 유일한 길이 수입보다 적게 쓰는 거라는 사실을 알고 있어요. 꾸준한 저축이 부를 쌓는 열쇠라는 것도 알아요. 하지만 지금 당장 먹고살기도 힘들다고요!" 그래서 이 장에서 우리는 도움이 될 만한 여러 가지 유용한 저축 방법을 제시하려고 한다. 하지만 성공은 결국 당신에게 달려 있다.

저축은 다이어트와 비슷하다. 둘 다 절제가 필요하고 올바른 습관을 들여야 한다. 마음을 단단히 먹고 시작하자. 늘씬한 몸을 좋아해야 살을 뺄 수 있는 것처럼, 저축을 좋아해야 돈을 모을 수 있다. 저축으로 성공한 수많은 사람의 핵심 비결은 저축을 게임으로 여기는 것이다. 세상이 수천 가지 유혹으로 가득 차 있을지라도 흔들림 없이 실천하는 게임이 바로 저축이다.

저축과 다이어트의 공통점은 앞으로 누릴 혜택에 마음을 집중해야 성공할 수 있다는 점이다. 체중을 감량하는 사람들이 날씬해지는 데 최선을 다하고, 결과에 대한 칭찬을 받고, 건강을 유지하고, 장수하는 것에 즐거움을 느끼는 것처럼 저축하는 사람들은 절약과 저축하는 것에 즐거움을 느낀다. 또한 저축하는 사람들은 자산을 키워 나가면서 재정적 독립과 미래의 행복을 성취하는 것에 커다란 만족감을 느낀다.

세계 최고의 투자자로 인정받는 워런 버핏은 수백억 달러의 순자산을 보유하면서도 검소한 라이프스타일을 가진 것으로 유명하다. 젊은 시절에 버핏이 소비한 1달러는 그에게 7달러, 8달러 혹은 그 이상의 가치를 지닌 금액이다. 그 돈을 투자했더라면 더 큰 자금으로 키울 수 있었기 때문이다.

목표를 달성하여 행복감을 느끼는 것에 마음을 집중하기 때문에 저축하는 사람들과 다이어트를 하는 사람들 대부분은 저축과 몸매를 관리하는 과정 그 자체를 즐긴다. 그들은 박탈감의 관점에서 생각하지 않고 한 걸음씩 앞으로 나아가고 있다는 관점에서 생각한다. 목표를 향해 전진하면서 그들은 성취의 기쁨과 만족감을 느낀다. 당신도 그렇게 할 수 있다.

저축의 비결은 이성적으로 판단하는 것이다. 이성적으로 판단하는 일은 간단할 것 같지만 결코 쉽지 않다. 왜냐하면 사람들은 너무나 인간적이기 때문이다. 그래서 저축을 할 때도 투자를 할 때도 감정에 쉽게 좌우된다. 좀 더 이성적으로 판단할 수 있는 가장 좋은 방법은 그 주제에 대해 한 명 이상의 좋은 친구와 솔직하게 마음을 터놓고 의논하는 것이다. 만약 그 친구가 당신의 배우자일 경우, 효과는 가장 좋다. 왜냐하면 당신에게 배우자가 중요한 만큼 배우자에게도 당신이 중요하고, 또한 서로에게 의지하는 사이이기 때문이다.

허심탄회한 논의 끝에 당신의 지출 방식이 합리적임을 확인했다면, 그건 정말로 훌륭한 일이다. 그렇다면 그 방식을 계속 유지하면 된다. 하지만 만약 자신이 목표에 맞지 않는 행동을 하고 있다는 것을 발견하고, 또 반성했다면, 바로 그 '실수'를 더욱 발전하기 위한 계기로 삼아야 한다.

절약하는 가장 쉬운 방법은 충동구매를 하지 않는 것이다. 마트에 가기 전에 쇼핑 목록을 작성하고 그 목록에만 집중하자. 그 목록은 자신이 돈을 어떻게 사용하는지 또 왜 그렇게 사용하는지 파악하도록 당신을 도와줄 것이다. 배우자 혹은 친구와 함께 쇼핑하면서 '두 번 검토하고 구매'하는 습관을 들여 보자. 두 사람 모두가 동의하지 않으면 어떤 물건도 구매하지 않겠다고 다짐해 보자.

저축은 당신의 미래를 더욱 여유 있게 만드는 데 사용할 잉여 자금을 제공한다. 자신의 태도를 관찰하여 현명하게 소비하고 절약을 습관화할 방법을 찾자. 목표는 분명하다. 당신의 삶에서 당신이 진정으로 원하는 것을 최대한으로 성취하는 것이다.

한 달 혹은 두 달에 한 번씩 신용카드 대금을 포함한 모든 지출 내역을 검토해 보자. 각 항목에 지출한 돈이 등가의 가치를 주었는가? 그 돈이 모두 당신에게 똑같이 가치가 있었는가? 아마 아닐 것이다. 이제 가장 의심스러운 지출에 집중하자. 그중 한두 가지 지출이 없었더라도 그 정도의 즐거움이나 좋은 추억을 만들 수 있지 않았을까? 다른 대안으로 기꺼이 대체할 수 있지 않았을까?

친구나 판매원의 얘기를 듣고 혹은 광고를 보고 나서 당신이 의도한 것보다 더 많은 돈을 쓴 적은 없는가? 과시적인 소비를 한 적은 없는가? 조금도 없는가? 일반적으로 사람은 나이나 사회적 지위가 비슷한 집단의 행동 양식에 영향을 받기 때문에 당신도 그럴 가능성이 높다. 따라서 무엇을 구매할 때 스스로 결정하기 위한 시간이 좀 더 필요하다.

여러분이 주변 사람들의 생각에 영향을 받고 있는지 아닌지 알아볼 수 있는 간단한 테스트가 있다. 자신에게 질문을 던져 보는 것이다. "만약 당신이 그 제품을 알고 있는 유일한 사람이라면, 해당 제품에 돈을 쓸 것인가?" 모두가 알고 있듯이 남들의 소비 수준을 따라가고 싶은 욕망이야말로 우리가 소비와 지출을 하는 강력한 동인이다. 사람들은 친구처럼 되고 싶어 한다. 유행하는 옷을 사 입고 싶은 충동을 느끼는 건 비단 십 대들만이 아니다. 그래서 프라다, 지방시, 폴로 같은 브랜드가 비싸도 잘 팔리는 것이다.

여러분의 모든 지출 내역을 주의 깊게 살펴보고 가장 가치 있는 지출, 적당히 가치 있는 지출, 그리고 가치가 의심스러운 지출, 이 세 가지 항목으로 분류해 보자. 그다음에 자신을 냉정하게 돌아보면서 충분한 가치가 없는 지출에 당신의 돈이 새 나가는 걸 차단하자! 다람쥐가 겨울을 나기 위해서 도토리를 비축하는 것처럼 그 돈을 은행에 저축하자.

여행이나 출장을 갈 때 좀 더 작고 평범한 호텔에 투숙한다면, 당신에게 정말 어떤 '문제'가 생기는가? 고급 객실이 당신에게 커다란 가치가 있다면 거기에 묵어도 괜찮다. 하지만 그렇지 않다면 그 돈을 절약하고 저축해서 당신에게 정말로 소중한 일에 활용할 기회로 만들어야 한다.

도시에 사는 어떤 사람들은 훨씬 저렴하고 종종 더 빠르다는 이유로 택시보다 지하철에 타는 걸 선호한다. 또 어떤 사람들에게는 택시가 추가 비용을 지불할 만큼 가치가 있다. 그리고 이처럼 각각 다른 성향을 가진 남녀가 만나서 행복한 결혼 생활을 하는 경우도 꽤 많다. 그 비결은 서로의 차이를 인정하고 한계를 설정하는 것이다.

이 책의 저자 중 한 명은 고급 와인을 좋아하고 와인에 대해 해박하며 여러 종류의 와인을 수집한다. 또한 레스토랑의 와인 리스트를 줄줄 외우고 있으며 항상 저렴한 가격에 품질이 훌륭한 와인을 주문한다. 그는 그런 선택 과정을 즐기고 저녁 식사와 함께 와인을 마시면서 커다란 기쁨을 느낀다. 다른 한 명은 절대로 와인을 마시지 않는다. 각자 자신의 성향이 있다. 우리는 둘 다 캠핑을 좋아한다.

절약하는 방법에는 작은 것도 있고 큰 것도 있다. 몇 가지 항목을 살펴보자.

소소한 절약 방법

'작은 것'을 절약할 수 있는 몇 가지 방법은 다음과 같다. 재미도 있고 모아 나가면 적지 않은 금액이 될 수도 있다.

- 성탄절 카드는 12월 26일 또는 27일에 구입하라. 내년을 위해서.

- 저녁 식사를 하러 나갈 때는 가장 좋아하는 두 가지 요리를 선택하고, 둘 중에 덜 비싼 것으로 주문해 차액을 챙겨라. 혹은 두 가지의 애피타이저를 주문해서 맛있게 배를 채우면 훨씬 더 많은 돈을 절약할 수 있다.

- 영화관에 가서 비싼 표를 사고, 주차료를 내며, 아이를 어디에 맡겨야 하나 고민하는 대신 넷플릭스와 같은 스트리밍 서비스에서 최근 개봉 영화를 보자. 집에서 직접 팝콘을 만들어 먹고 냉장고에 있는 음료도 마실 수 있다.

- 온라인 중고 서점에서 헌책을 구매하라. 새것과 다름없는 최신 베스트셀러도 심심찮게 구할 수 있다.

- 5000원짜리 카페라테 대신 인스턴트커피 한 잔으로 하루를 시작하라.

◦ 겨울에는 난방 온도를 조금 낮게 설정하고 방 안에서도 스웨터를 입도록 하자.

◦ 모든 지출 내역을 기록하라. 그러면 지금 구매하고 있는 많은 물건이 실제로는 필요하지 않다는 걸 알게 될 것이다.

◦ 매일 주머니에서 잔돈을 꺼내 돼지 저금통에 넣어라. 그 돈이 쌓이고 쌓이면 휴가비도 될 수 있다. 혹은 매월 말에 그 돈을 투자 펀드에 넣을 수도 있다.

◦ 무사고 운전 기록을 쌓아서 저렴한 자동차보험에 가입하고 추가 할인 혜택도 챙겨라.

◦ 다음 휴가는 시즌이 지난 멋진 장소에서 보내라. 혹은 뉴욕이나 파리를 여행하는 대신 국내의 아름다운 국립공원에서 캠핑을 하는 것도 좋은 선택이다.

커다란 절약 방법

큰돈을 절약할 수 있는 몇 가지 방법은 다음과 같다. 이것은 정말로 중요하다.

- 생명보험이 필요하다면 온라인으로 가입할 수 있는 저렴한 정기 보험을 활용하라. 사람들의 수명이 늘어나면서 정기 생명보험의 보험료가 낮아지고 있다. 보험회사들은 위험도에 따라 고객을 세분화하는 작업에 능숙하며, 인터넷은 수수료를 절감해 준다. 미국의 경우 40세의 '일반적인' 남성이 20년 만기 10만 달러 생명보험에 가입하려면 10년 전에는 매년 1300달러를 납부해야 했지만, 오늘날에는 600달러만 내면 된다. 절약을 위해 바람직한 현상이다.

- 저비용 투자 상품에 당신의 투자 자금을 집중하라. 뒤쪽에 저비용 투자 상품이란 무엇인지, 그리고 어떻게 그것을 매입할 수 있는지 상세한 설명을 넣어 두었다.

- 새것 같은 중고 자동차를 구입하고, 소형차를 이용하라. 혹은 둘 다 활용하면 더 좋다.

- 사소한 위험은 스스로 관리하여 자동차보험이나 화재보험에서 높은 공제액을 적용받자. 보험 비용의 상당 부분은 수많은 소액 청구에 대한 보장 때문이다. 당신에게 일어날 수 있는 손실의 대부분은 스스로 관리할 수 있는 것들이다. 만일의 사고 같은 중대한 문제들이 발생했을 때만 보험을 이용하라.

- 현재의 지출을 2~3년 전에 지출했던 수준으로 줄여라.

- 자동 이체를 이용해 매주 급여의 5% 혹은 10%를 세금 공제 혜택을 받는 투자 계좌에 자동으로 빠져나가게 해서 저축을 늘려 나가라. 자동 이체 방식을 활용하면 세금을 줄이면서 당신이 벌어들인 모든 돈을 덜 소비하게 될 것이다.

- '점진적 저축 증대 프로그램Save More Tomorrow[†]에 등록하라. 이 계획은 당신에게 내년 임금 인상분의 일정 금액을 저축하도록 만들어 준다.

기회비용의 측면에서 들여다보자. 당신이 낭비하는 사소한 돈을 은퇴할 때까지 불릴 수 있는 자금이라고 생각해 보는 것이다.

[†] 미국 중소기업 근로자들을 위한 저축 장려책으로, 가입 시 급여 인상에 맞추어 지속적으로 납부 비율을 높여 가는 기업 연금 제도를 말한다.

벤저민 프랭클린은 '한 푼 아낀 것은 한 푼 번 것이나 마찬가지다' 라는 명언을 남겼다. 그의 말은 일리가 있긴 하지만, 완벽하게 옳은 건 아니었다. 72의 법칙이 그 이유를 정확히 보여 준다.

예를 들어 당신이 연평균 7%의 수익률로 투자한다고 가정하면, 오늘 절약한 1달러는 약 10년 후에 2달러, 20년 후에 4달러, 30년 후에는 8달러가 된다. 그리고 계속해서 점진적으로 증가한다. 따라서 어떤 젊은이가 오늘 꼭 필요하지 않은 일에 1달러를 낭비하는 건 은퇴할 때 10달러 혹은 그 이상을 포기한다는 뜻이 된다.

만약 여러분에게 더 많은 절제력이 필요한 상황이라면 '죽는 것보다 더 나쁜 일은 은퇴를 대비해 저축한 돈보다 더 오래 사는 것이다'라는 격언을 마음속에 새겨라.

정부 정책을 활용하라

역사 속에서 사람들은 세금 회피를 위해 다양하고 기발한 대응 방법을 찾아냈다. 수백 년 전 이탈리아 토스카나 지방의 공작이 소금세를 부과하자 제빵사들은 조리법에서 소금을 없앴고, 오늘날 우리가 즐기는 담백한 토스카나 빵이 탄생했다. 암스테르담에 가면 거의 모든 오래된 집들이 좁고 높게 건축되었음을 알 수 있다. 주택의 넓이를 기준으로 부과되는 재산세를 최소화하기 위해 그렇게 지은 것이다. 프랑스에서 망사르드 지붕mansard roof 이라는 건축술이 발명된 유래도 마찬가지다. 프랑스에서는 재산세가 주택의 방 개수를 기준으로 부과됐기 때문에 2층이나 3층 방 또한 1층 방과 똑같이 과세 대상이었다. 하지만 망사르드 지붕에 3층 방을 만들면 그 방은 다락으로 계산되어 과세 대상에서 제외됐다.

여러분도 이런 역사 속 지혜들을 따라야 한다. 자금 계획을 체계화하는 과정에서 세금 최소화를 핵심적인 목표로 삼아야 한다는 얘기다. 그리고 세금을 최소화할 때 당신은 더 많은 저축과 투자를 할 수 있다. 물론 정부를 속이라고 여러분을 부추기는 게 아니다. 그런 생각은 꿈도 꾸지 말자. 하지만 세금을 공제받을 수 있고 비과세로 저축과 투자를 늘려 나갈 기회들이 있다면 최대한 활용하는 것이 바람직하다.

미국의 소비자들은 오랫동안 분수에 맞지 않는 생활을 영위해 왔다. 지출은 과도했고 저축은 불충분했고 부채는 위험할 정도로 많았다. 이를 해결하기 위해 국가 정책 차원에서 미국인들의 저축을 장려하는 다양한 세금 우대 제도가 시행되었다. 그러나 많은 미국인이 이런 혜택을 활용하지 않고 있다. 소득 상위 계층을 제외한 대부분의 사람은 안정된 노후를 위해 적립하는 자금에 대해서 세금을 내지 않아도 된다. 다시 말해 엄청난 부자들을 제외한 거의 모든 투자자는 은퇴 자금을 투자해서 얻는 수익을 비과세로 늘려 나갈 수 있다.

주택을 소유하라

소설 《햄릿》의 등장인물 폴로니우스는 '돈은 빌리지도 빌려주지도 마라'라고 단언했다. 늘 그러하듯 셰익스피어의 말은 상당히 일리가 있지만, 모든 규칙에는 예외가 있게 마련이다. 거주용 주택에 대한 담보 대출이 그것이다. 우리는 신용카드 부채는 절대로 만들지 말아야 한다고 생각하지만, 주택 담보 대출은 다음 네 가지 이유에서 합리적이다.

1. 주택 담보 대출은 아이들을 키우는 젊은 가족에게 살기 좋은 보금자리를 마련하게 도와 준다.

2. 은행은 당신의 수입을 고려해 합리적으로 감당할 수 있는 액수 이상의 돈을 빌려주지 않을 것이다. (70년 동안 이것은 사실이었다. 하지만 최근의 고통스러운 경험으로 배웠듯이 은행들이 너무 많은 돈을 빌려주는 바람에 글로벌 금융 위기를 겪고 말았다. 이제 분별 있는 주택 담보 대출이 다시 원칙이 될 것이다. 정말 다행스러운 일이다!)

3. 주택 담보 대출은 매우 특별한 형태의 부채다. 담보 대출을 받을 때는 채무자가 상환 기한을 정하기 때문이다(일반적인 부채는 다르다. 신용카드 빚과 같은 일반적인 부채는 대출해 주는 사람이 상환 기한을 결정한다. 이는 상환일이 채무자가 가장 불편해하는 시점으로 결정될 수 있다는 얘기다). 그리고 담보 대출로 주택을 매입할 때 받는 세금 혜택에도 주목할 필요가 있다. 담보 대출의 이자 비용은 세금 공제 대상이기 때문에 정부가 당신의 세금을 줄이도록 도움을 주는 셈이다.

4. 주택 담보 대출에 대해 지불하는 이자율은 신용카드 부채에 붙는 이자율보다 훨씬 낮다.

주택 가격은 100년 이상 인플레이션과 함께 상승했기 때문에 대체로 바람직한 인플레이션 헤지inflationary hedge[†] 수단이었다. 물론 2006~2008년의 엄청난 부동산 버블 때는 그렇지 못했지만, 미국의 집값은 이제 거의 정상적인 수준으로 돌아오고 있다. 그리고 주택 소유는 다시 가족의 행복을 위한 합리적인 부자로 여겨지고 있다.

어떻게 따라잡을 것인가?

이쯤에서 여러분은 이렇게 말할지도 모른다. "그래요, 코치님. 제가 20대 때 당신의 책을 읽었더라면 정말 좋았을 겁니다. 하지만 저는 일찍 저축을 시작하지도 않았고 아직 빚에서 벗어나지도 못했어요. 이제 50대(혹은 60대)가 된 저는 모아 놓은 저축이 거의 없다시피 해요. 저 같은 사람이 재산 격차를 해소할 방법은 전혀 없는 겁니까?"

[†] 인플레이션에 의한 화폐 가치 하락에 대처하기 위해서 화폐로써 일정한 가치를 갖는 상품. 예컨대 주식, 토지, 건물, 금 등의 상품을 구입하는 것을 말한다.

다행스럽게도 방법은 있다. 엉클 샘(미국 정부의 은유적인 표현)은 당신이 따라잡을 수 있도록 약간의 추가적인 세금 혜택을 제공한다. 물론 격차를 따라잡는 건 쉬운 일이 아니다. 잃어버린 시간을 만회할 수 있는 유일한 방법은 허리띠를 졸라매고 절제하는 저축 계획을 지금 당장 시작하는 것이다. 또한 미국 세법에서는 50세 이상의 투자자가 세금 혜택을 받는 은퇴 계획에 추가 납입할 수 있도록 허용해 준다.[†] 고용주가 지원하는 퇴직 연금인 401(k) 계획이나 개인 은퇴 계좌IRA에 추가 자금을 납입함으로써 고령의 투자자들은 현재의 세금을 줄이고, 투자한 모든 수익에 대해 비과세 혜택을 누릴 수 있다.

은퇴에 접어들면 수많은 불확실성을 마주하게 되지만, 한 가지만은 확실하다. 소비를 줄임으로써 더 많이 저축할 수 있고 더 많은 저축이 마땅히 필요하다는 것이다. 현재의 씀씀이를 줄이고

[†] 2019년 기획재정부 세법 개정안에 따르면, 우리나라도 50세 이상이 세액 공제를 받을 수 있는 연금 계좌(연금저축)의 납입 한도가 2020년부터 3년간 한시적으로 상향되었다(기존 400만 원에서 600만 원으로 200만 원 상향). 퇴직 연금과 합산 시 (기존 700만 원에서) 총 900만 원을 세액 공제받을 수 있다(단, 종합 소득 금액 1억 원 초과, 총급여액 1.2억 원 초과, 금융 소득 종합 과세 대상자는 기존과 동일하게 대상 외임). - 감수자

> **안정적인 개인 자금을
> 확보하기 위한 가장 좋은 방법은
> 생애 초기부터 체계적인
> 계획을 세워 충분한 저축을
> 하는 것이다.
> 하지만 그렇게 하지 못했더라도
> 저축을 시작하기에
> 아직 늦은 건 아니다.**

저축을 시작하는 건 언제 하더라도 결코 늦은 게 아니다. 지금 살고 있는 큰 주택을 팔고 더 소박하고 저렴한 집으로 이사하는 것도 고려해야 한다. 혹은 생활비와 세금이 더 적게 드는 지역으로 이사하는 것도 격차를 따라잡는 한 가지 방법이다. 그 어느 것도 쉬운 선택은 아니지만 당신이 잃어버린 시간을 만회하려면 절제해야 한다.

혹은 은퇴 시점을 몇 년 뒤인 60세, 65세, 심지어 75세까지 연기하는 방법도 있다. 당신이 꼭 정해진 나이에 일을 그만둬야 한다고 규정해 놓은 법은 없다. 실제로 70대까지 일하는 사람들이 아무 일도 하지 않는 사람들보다 정신적, 신체적으로 더 건강하다는 연구 결과도 있다. 그리고 70.5세까지 은퇴를 연기하게 되면 사회 보장 혜택이 매년 8%씩 늘어나게 된다. 62세에 일찍 은퇴 자금을 인출하는 대신 70.5세까지 인출 시점을 늦추면 사회 보장 연금 혜택은 총 76%로 크게 늘어난다.[†]

이러한 혜택은 여러분이 살아 있는 한 계속되며 인플레이션 으로부터 여러분을 보호하기 위해 조정된다. 게다가 미국의 사회 보장 연금은 35년 동안의 최대 소득을 기준으로 정해지는데, 대 부분 20대보다 60대에 소득이 더 높을 가능성이 크다.

은퇴하지 않고 계속 일할 경우 얻게 되는 또 다른 장점이 있 다. 60대가 저축하기에 가장 좋은 시기라는 점이다. 일을 계속하 는 대부분의 60대는 소득이 높고, 자녀들이 독립한 데다 주택 담 보 대출 또한 모두 상환한 시점이기도 하다. 퇴직 연금인 401(k) 계획에 납입하는 사람들은 8년을 더 기다림으로써 은퇴 계좌에 서 자금을 인출하지 않는 기간이 8년 더 늘어나고, 계좌에 납입

[†] 이는 우리나라도 비슷하다. 2019년 보험 연구원에 따르면, 노령 연금이 62세 기본 연금액 100만 원인 경우 조기 노령 연금을 57세에 신청하면 연금액은 60만 3240원에 불과하다. 59세는 74만 9979원, 61세는 91만 2444원이다. 이에 비해 연금 개시 시점 을 늦출수록 월 연금액은 늘어난다. 63세에는 110만 4374원, 65세는 132만 9530원, 67세에는 157만 8144원에 달한다. 가급적 국민연금의 개시 시점을 늦추고 그때까 지의 생활비는 개인 연금과 퇴직 연금 등을 활용하는 방법을 이용하는 게 유리하다. - 감수자

하는 기간도 8년 더 늘어나며, 누적된 저축을 투자에 활용하는 기간도 8년 더 늘어난다. 이 세 번의 8년은 여러분의 401(k) 계획을 2배 또는 3배까지 증가시켜 주므로 납입금 또한 그만큼 늘어난다. 앞서 말한 사회 보장 연금 혜택 76%와 결합하면 편안한 노후 생활을 할 수 있는 충분한 자금이 확보된다.

만약 당신이 집을 소유하고 있다면 주택의 가치를 최대한 활용하는 것도 고려해 보자. 이 책을 집필하고 있는 현재 시점에는 담보 대출 금리가 상당히 낮은데, 만약 주택 대출금을 상환하지 않았다면 지금 상환하는 것이 유리하다. 그렇게 하면 장기 주택 담보 대출 금리가 4%를 밑도는 2020년 상황에서 매월 지출액을 줄이고 절약한 돈을 투자 포트폴리오에 넣을 수 있다.

이미 은퇴했고 부동산 자산을 소유하고 있다면 주택의 가치에 따라 연금을 받는 '주택 담보 노후 연금reverse mortgage(역모기지론)'을 선택하는 것도 방법이다.† 물론 이것은 저축이 아니며 후손에게 주택을 유산으로 물려줄 수도 없지만, 당신의 은퇴 생활 자금에는 큰 도움이 된다.

절제하는 삶을 살고 신용카드 빚을 피하자. 안정적인 개인 자금을 확보하기 위한 가장 좋은 방법은 생애 초기부터 체계적인 계획을 세워 충분한 저축을 하는 것이다. 하지만 그렇게 하지 못했더라도 저축을 시작하기에 아직 늦은 건 아니다.

---

† 국내에도 '주택 연금'이라는 유사한 제도가 있다. 주택 연금은 고령자가 거주 중인 보유 주택을 담보로 제공하고, 대신 매달 연금을 받는 상품이다. 가입자가 사망한 후에 주택금융공사가 부동산을 처분해 그동안 지급한 연금과 이자를 돌려받는다. 주택금융공사 홈페이지에서 주택 연금(월 지급금) 조회 기능을 이용해 받을 수 있는 연금액을 조회할 수 있다. – 감수자

II

INDEX

모든 주식을 소유하라

"저는 50승을 해낼 겁니다." -디지 딘Dizzy Dean, 메이저리그 투수

"우리는 10년 내에 인류를 달에 착륙시키고 안전하게 지구로 복귀시킬
  것입니다." -케네디 대통령의 연설 중에서

"나는 반드시 돌아올 것입니다." -맥아더 장군이 필리핀을 떠나면서 남긴 말

이 인물들이 계획을 성공시킨 비결은 분명한 목표를 가진 덕분이
었다. 목표가 분명하면 계획을 실천하는 게 더욱 쉬워진다. 좋은
계획의 또 다른 요건은 현실적이어야 한다는 점이다. 현실적이어
야 여러분뿐 아니라 시장에서도 효과가 있다. 현실적이어야 여러
분이 목표를 달성하는 데 도움이 된다.

**인덱스 펀드라는
단순한 투자 전략은
대중에게 판매되는
수천 가지 주식형 펀드와
채권형 펀드를 모두
능가하는 실적을 올렸다.**

홀륭한 코치들이라면 스포츠에서 성공하는 방법에 대한 다음의 간단한 원칙에 동의할 것이다. '분명한 계획을 세우고 꾸준히 실천하라.' 마찬가지로 여러분 또한 분명한 저축 계획과 투자 계획을 세우고 꾸준히 실천해야 한다.

이번 장에서 우리는 저비용 인덱스 펀드를 주요 투자 수단으로 활용하는 매우 간단한 투자 방법을 제시할 것이다. 인덱스 펀드는 주식시장의 모든 주식이나 일부 주식(혹은 채권)을 매수하여 보유하는 것을 말한다. '전체 시장total market' 인덱스 펀드를 매입하면 여러분은 전체 경제 영역에 있는 주요 기업들의 주식을 매수하게 된다. 인덱스 펀드는 어떤 개별 주식이나 채권, 혹은 뮤추얼 펀드가 시장에서 이길 것인지 예측해야 하는 어려움과 비용을 없애 준다.

인덱스 펀드라는 단순한 투자 전략은 (몇 가지 예외를 제외하면) 대중에게 판매되는 수천 가지 주식형 펀드와 채권형 펀드를 모두 능가하는 실적을 올렸다. 하지만 월스트리트가 쏟아 내는 수많은 불필요한 정보의 홍수 속에서 사람들은 이런 사실을 놓치고 있다. 이 책의 두 저자 모두 은퇴 자금을 모으기 위해 인덱스 펀드를 적극적으로 활용하고 있으며, 여러분에게도 그렇게 하기를 강력히 권장한다.

누구도 시장보다 더 많은 것을 알지 못한다

투자자들은 주식시장이 자신들보다 더 똑똑하고 더 많은 정보를 알고 있다는 사실을 믿지 않는다. 대부분의 금융 전문가들 역시 이러한 전제를 여전히 받아들이지 않는데, 왜냐하면 자신들이 최고의 주식을 고를 수 있고, 시장을 이겨서 상당한 수수료를 챙길 수 있다고 믿기 때문이다. 작가 업튼 싱클레어Upton Sinclair가 100년 전에 말했듯이 '무언가를 이해하지 못해야 월급을 받는 사람에게 무언가를 이해시키는 것은 너무나 어려운 일이다.' 금융시장이 때로는 낙관주의나 비관주의 중 어느 한쪽으로 치우치는 경향이 있기는 하지만, 대부분의 개인보다 더 똑똑하다는 것은 분명한 사실이다. 즉, 그 어떤 투자자도 시장의 움직임을 예측하거나 특정 종목을 선택하여 시장을 지속적으로 능가할 수 없다.

여러분이 라디오나 TV에서 이떤 기업에 대해 호의적인 뉴스를 듣거나 인터넷에서 정보를 알아내더라도 그것을 활용해서 유리한 거래를 할 수 없는 이유는 무엇일까? 왜냐하면 여러분이 행동할 기회를 갖기 전에 이윤을 추구하는 전문가 집단이 주가를 끌어올리기 위해서 이미 독점한 뉴스일 가능성이 매우 높기 때문이다. 그것이 바로 (인수합병 제안 같은) 가장 중요한 뉴스가 주식시장이 마감되고 나서 발표되는 이유다. 다음 날 거래가 개시될 때쯤이면 주가는 이미 그 제안을 반영한 상태다. 어떤 뉴스든 여러분이 들은 것은 이미 주가에 반영됐을 게 틀림없다. 모든 사람이 아는 정보는 정보로서 가치가 없지 않은가.

《월스트리트저널》의 개인 금융 칼럼니스트 제이슨 츠바이크 Jason Zweig는 이런 현실에 대해 다음과 같이 이야기한다.

"나는 시장을 이기고자 하는 그 누구의 희망에도 신뢰를 부여하지 않기 때문에 종종 사람들을 무기력하게 만든다는 비난을 받곤 한다. 하지만

아무것도 알 필요가 없다는 깨달음이야말로 정말로 심오한 형태의 지식이다. 개인적으로 나는 이것이 진정한 의미의 자신감 부여라고 생각한다. (…) 시장이 어떻게 움직일지 예측하려는 (누군가의) 어떤 시도에도 귀를 막을 수 있다면 결국에는 당신이 살아 있는 대부분의 다른 투자자들을 이길 것이다. '모르니까 신경 안 쓴다'라는 만트라만이 당신을 성공으로 이끌어 줄 것이다."[†]

개별 주식 가격을 결정하는 데 절대적인 영향을 미치는 전문 투자자와 컴퓨터가 이제 너무나 뛰어나게 제 역할을 수행하여 가격 결정의 오류가 너무 적고 단기적이기 때문에, 제아무리 투자의 고수라도 비용과 수수료를 이겨 내고 수익을 내기가 어렵다. 그래서 약 90% 이상의 액티브 펀드매니저들이 그토록 이기려고 노력하는데도 불구하고 시장 대표 지수에 15년 이상 패배했던 것이다!

하지만 전체 시장이 항상 올바르게 가격을 결정하는 건 아니다. 주식시장은 종종 큰 실수를 저지르고, 시장 가격은 실제 가치

[†] 제이슨 츠바이크, 김성일 옮김, 《투자의 비밀》, 에이지21, 2021

**누구도 시장보다
더 많은 것을 알지 못한다.**

보다 훨씬 더 큰 변동성을 나타 내는 경향이 있다. 인터넷 주식 과 기술주들은 2000년 초 터무 니없는 가격까지 치솟았고 얼마 후 일부 기술주들이 90% 이상 하락했다. 주택 가격은 2000년 대 초반에 버블 수준으로 상승 했다. 2008년에서 2009년 버블이 터졌을 때 집값뿐 아니라 전 세 계의 은행과 금융 기관의 주식까지 한꺼번에 무너져 내렸다.

전문가의 금융 조언이 당신을 금융 쓰나미에서 구해 줄 거라 고 생각해선 절대로 안 된다. 전문적으로 운용되는 펀드들 역시 버블이 최고조에 달했을 때 인터넷과 은행 주식을 정신없이 사 들였다. 거기가 바로 돈이 몰리는 곳이었고 펀드매니저들까지 너 도나도 뛰어들어서 큰 몫을 챙기려 했다. 그리고 빠져나오지 못 했다. 또한 전문적으로 운용되는 펀드는 시장이 최고점일 때 현 금 유동성을 가장 낮게 두고, 시장이 최저점일 때 유동성을 가장 높게 두는 경향이 있다. 뼈아픈 경험을 하고 나서야 사람들은 과 거의 주식 가격이 '명백히' 잘못되었다는 정상적인 판단을 하게 된다. 전설적인 투자자 버나드 바루크Bernard Baruch가 말했듯이 '거짓말쟁이들만이 항상 좋은 시점에 시장으로 뛰어들고 항상 나쁜 시점에 시장에서 빠져나온다.'

글로벌 자산 운용 회사인 미국의 디멘셔널 펀드 어드바이저 Dimensional Fund Advisors, DFA의 렉스 싱크필드Rex Sinquefield는 '시장이 제대로 작동한다고 믿지 않는 집단은 세 부류다. 쿠바 사람, 북한 사람, 그리고 액티브 펀드매니저들'이라며 특히 과격하게 이런 상황을 비판했다.

인덱스 펀드가 답이다

수년 동안 우리는 시장의 지혜에 순응하고 시장의 모든 주식을 매입하여 보유하는 광범위한 저비용 인덱스 펀드에 투자하는 것이 투자자들에게 가장 바람직하다고 생각해 왔다. 이에 대한 증거가 점점 쌓이면서 우리는 인덱스 펀드의 성과에 대해 어느 때보다 더 확신하게 됐다. 10년이 넘는 기간의 수익률을 살펴보니 광범위한 주식시장 인덱스 펀드의 3분의 2 이상이 적극적으로 운용되는 액티브 펀드를 지속적으로 능가했던 것이다.

그리고 인덱스 펀드가 전형적인 액티브 펀드를 앞서 나가는 격차도 엄청나게 크다. 아래의 표는 액티브 펀드들의 실적을 미국의 스탠더드 앤드 푸어스Standard & Poor's사가 선정한 보통주 500종목의 주가 지수인 S&P500과 비교한 것이다. 액티브 펀드

❘ S&P500 지수에 미달하는 수익률을 거둔 액티브 펀드의 비율
(2019년 12월 31일까지)

1년	3년	5년	10년	20년
70%	72%	83%	89%	89%

(출처: SPIA® U.S. Scorecard, 2020년 5월)

❘ S&P500과 액티브 펀드의 연평균 수익률 비교
(2019년 6월 30일까지 15년간)

S&P500	8.75%
주식형 뮤추얼 펀드 평균*	7.46%
S&P500의 우위	**+ 1.29%**

*글로벌 펀드 평가사 리퍼Lipper가 조사한 주식형 액티브 펀드의 모든 카테고리로 구성됨.
(출처: 리퍼, 뱅가드 그룹)

매니저 중 약 80%는 10년 동안 대중적인 주식시장 지수에 패배한 것에 대해 부끄러워하며 고개를 숙여야 했다. 그리고 지수를 능가하는 액티브 펀드의 숫자는 시간이 갈수록 줄어들고 있다.

S&P500 지수에 포함된 500종목 모두에 단순 투자하는 인덱스 펀드와 적극적으로 운용되는 액티브 펀드가 벌어들인 수익률을 비교해 보면, 투자 전략으로서 인덱스 펀드가 얼마나 우월한지 더욱 뚜렷하게 보인다. 왼쪽 아래의 표는 시간이 흐를수록 인덱스 펀드가 액티브 펀드를 평균적으로 1%포인트 이상 앞서 나갔음을 보여 준다.[†]

왜 이런 일이 생기는 것일까? 고액 연봉을 받는 전문 펀드매니저들이 무능해서일까? 아니, 그런 것은 아니다.

투자자라는 하나의 집단이 시장 평균 수익률 이상을 얻을 수 없는 이유는 다음과 같다. 돋보이는 주식은 모조리 누군가가 선점하고 있다. 전문 투자자와 컴퓨터로 가동되는 투자 전략이 전체 주식시장 거래의 약 98~99%를 차지한다. 궁극적으로 주식을

[†]   S&P500 지수와의 비교를 보여 주는 이유는 '전체 주식시장' 펀드(우리가 추천하는 펀드)가 최근에야 등장했기 때문이다.

보유하는 것은 연금 계획, 401(k) 계획 또는 IRA를 통한 개인이지만, 전문적인 펀드매니저 집단이 시장을 이루고 있으므로 시장을 이길 수 없는 것이다.

시장의 참여자들은 시장 평균 수익을 얻어야 하고 누군가의 승리는 다른 누군가의 패배를 의미하기 때문에 주식 투자는 제로섬 게임이라 불린다. 만약 몇몇 투자자가 운 좋게도 전체 시장보다 수익률이 높은 주식만을 보유한다면, 다른 투자자들은 수익률이 낮은 주식만을 보유해야 한다는 뜻이다. 우리 모두가 시장 평균 이상의 수익을 얻을 방법은 존재하지도 않고 존재할 수도 없다.

하지만 왜 전문적인 펀드매니저들조차 시장보다 더 수익률이 나쁜 것일까? 사실 그들은 비용을 제외하면 시장 평균 수익률을 거둔다. 적극적으로 운용되는 액티브 펀드가 포트폴리오 관리에 매년 평균적으로 약 1%포인트의 수수료를 부과하기 때문에 이러한 비용으로 인해서 시장 평균 수익률보다 훨씬 낮은 수익률을 기록하는 것이다.

반면에 저비용 인덱스 펀드는 포트폴리오 관리에 10분의 1의 비용만을 부과한다. 인덱스 펀드는 '저평가된' 주식을 찾기 위해 전 세계를 돌아다니는 헛된 시도를 하면서 고액의 연봉을 받는 증권 애널리스트를 고용할 필요가 없다. 또한 적극적으로 운용되는 펀드는 1년에 한 번 정도 포트폴리오를 바꾸는 경향이 있다. 이 회전이 중개 수수료를 발생시키고 입찰 가격과 매입 가격 사이의 격차를 만들며 시장 충격 비용market impact costs(대량 매수 또는 대량 매도 주문이 가격에 미치는 영향)을 유발한다.

전문적인 펀드매니저는 관리 비용과 거래 비용 때문에 시장 전체 수익률에 미달하는 성과를 거둔다. 그 비용은 당신의 은퇴 자금 펀드가 아니라 금융 시스템 딜러들의 주머니로 들어간다. 그것이 바로 액티브 펀드매니저들이 시장을 이길 수 없는 이유이며 시장이 그들을 이기는 이유다.

몇몇은 시장을 이기지 않을까?

아무리 그래도 펀드매니저 중에 몇몇은 시장을 이기지 않을까? 우리는 종종 지난 분기, 지난해, 심지어 지난 몇 년 동안 시장을 계속 이겼다는 특별한 펀드매니저들의 이야기를 접하곤 한다. 물론 그중 일부 펀드매니저들은 실제로 시장을 이겼다. 하지만 진짜 문제는 그게 아니다. 진짜 문제는 '당신이나 다른 누군가가 시장을 이길 펀드매니저를 선별해 낼 수 있는가?' 하는 것이다.

그건 정말 힘든 일이다. 왜냐하면 다음의 이유 때문이다.

1. 시장을 이긴 펀드매니저는 극소수에 불과하다. 1970년 이후 의미 있는 수준으로 시장을 이겨 온 펀드매니저의 수는 손에 꼽을 만큼 적다. 그리고 뛰어난 컴퓨터 활용 능력을 가진 더욱더 의욕적이고 열심히 일하는 펀드매니저들이 '실적' 경쟁에 합류함에 따라 그 어떤 전문가도 현재 하루 거래의 99%를 담당하고 있는 다른 펀드매니저들보다 잘하는 것이 점점 더 어려워지고 있다.

2. 누구도 어떤 펀드가 앞으로 더 수익성이 좋을 것인지 미리 알아낼 수 없다. 모닝스타Morningstar를 포함한 모든 유명 펀드 평가 회사들의 예측은 실패했다.

3. 시장을 '이긴' 펀드는 시장에 '패한' 펀드에 비해 적게 이긴다. 이는 펀드 구매자들의 '대박 확률'이 이미 줄어든 승리 확률보다도 더 낮다는 걸 의미한다.

과거의 실적에 근거한 예측 중 유일하게 들어맞는 것은 어떤 펀드가 나쁜 성과를 낼 것인가에 대한 예측이다. 과거에 저조한 실적을 거둔 펀드는 미래에도 실제 저조한 실적을 내는 경향이 있다. 그리고 이런 경향이 지속되는 이유는 그들이 상대적으로 가장 저조한 실적을 거두는 전형적인 고비용 펀드들이며, 주식 선정 능력과는 대조적으로 높은 펀드 운용 보수를 매년 청구하고 있기 때문이다.

증권 매체들은 최근에 시장을 이긴 펀드매니저들을 투자의 귀재라며 재빠르게 홍보한다. 이런 펀드매니저들은 TV에 출연해 시장의 방향을 예측하고 매수하기에 특히 좋은 개별 주식을 짚어 주는 등 자신감 넘치는 의견을 제시한다. 그렇다면 우리는 최근에 놀라운 실적을 거둔 주식 전문가들의 목소리에 귀를 기울여야 할까? 전혀 그럴 필요가 없다. 왜냐하면 평균 이상의 성과에 대한 장기적인 지속성이 없기 때문이다. 그 펀드매니저가 작년에 시장을 이겼다고 해서 내년에도 계속 이길 거라는 보장이 없다는 얘기다.

증시에서 승리 행진이 계속될 확률은 동전 던지기에서 연속으로 앞면이 나왔다고 해서 다음번에도 앞면이 나올 확률이 50%를 넘을 수 없는 것과 마찬가지다. 과거 10년간 최고의 성과를 거둔 펀드는 그다음 10년간 최고의 성과를 거둔 펀드와 연관성이 없었다. 펀드의 '실적'은 시장만큼이나 랜덤하다.

2009년 1월 《월스트리트저널》은 '탁월한' 투자 성과가 얼마나 지속성이 없는지 보여 주는 좋은 사례를 제시했다. 2007년 12월 31일까지 9년 동안 14개의 주식형 액티브 펀드가 S&P500 지수를 연속으로 이겼고, 그 펀드들은 개인 투자자들에게 최고의 투자 수단이라며 대대적으로 광고됐다. 2008년에 그 펀드 중 얼마나 많은 수가 시장을 이겼을까? 다음의 표에서 확인할 수 있듯이 14개 중 1개밖에 없었다. 여러 번 조사해도 같은 결론에 도달한다. 뜨거운 성과를 좇는 것은 비용이 많이 들고 결과적으로 자신을 패배자로 만드는 행동이다. 그렇게 하면 안 된다!

이 규칙에 예외가 있을까? 전문 펀드매니저 전체에서 실적이 가장 돋보이는 사람은 워런 버핏이다. 버핏의 회사인 버크셔 해서웨이Berkshire Hathaway는 40년 이상 주식시장 평균보다 2배나 높은 수익률을 주주들에게 안겨 줬다. 그러나 그 성과는 언론이 자주 이야기하는 것처럼 '저평가된' 주식을 매수하는 그의 능력에 의해서만 이루어진 게 아니다.

버핏은 기업을 매입해서 보유한다(그는 올바른 주식 보유 기간을

▌ 다음 해에도 S&P500을 이긴 펀드는 단 하나뿐이었다

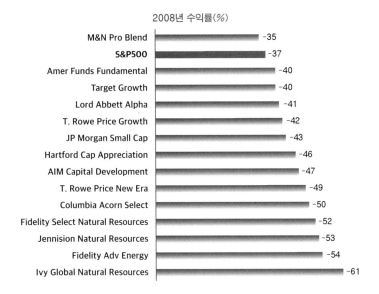

2008년 수익률(%)

M&N Pro Blend	-35
S&P500	-37
Amer Funds Fundamental	-40
Target Growth	-40
Lord Abbett Alpha	-41
T. Rowe Price Growth	-42
JP Morgan Small Cap	-43
Hartford Cap Appreciation	-46
AIM Capital Development	-47
T. Rowe Price New Era	-49
Columbia Acorn Select	-50
Fidelity Select Natural Resources	-52
Jennision Natural Resources	-53
Fidelity Adv Energy	-54
Ivy Global Natural Resources	-61

(출처: 《월스트리트저널》, 2009년 1월 5일)

평생이라고 강조했다). 그리고 초기에 그가 거둔 성공 중 하나인 '워
싱턴포스트' 사례에서 알 수 있듯이 버핏은 투자한 기업들의 경
영에도 적극적으로 개입한다. 또한 저비용으로 재무 레버리지를
얻기 위해 보험 사업의 플로트float 기법, 즉 받은 보험료와 지급
할 보험금 사이의 시차에서 생기는 여유 자금을 활용한다. 그런

버핏마저도 인덱스 펀드에 간편하게 투자하는 것이 대부분의 사람에게 훨씬 바람직하다고 말했다. 버핏은 자신의 유언장에 버크셔 해서웨이 주식을 자선단체에 기부한 후 남은 재산의 90%를 인덱스 펀드에 투자하고 나머지 10%는 현금으로 보유하라고 명시했다. 예일대학교 기부금 펀드를 운용하는 뛰어난 포트폴리오 매니저 데이비드 스웬슨 또한 인덱스 펀드가 훨씬 더 유리함을 강조했다.

2017년 버핏은 인덱스 펀드가 10년 동안 헤지펀드를 이길 거라며 100만 달러의 내기를 제안했다. 헤지펀드 운용 회사 프로테지 파트너스Protege Partners가 도전에 응수했고, 그 결과 헤지펀드의 수익률은 연간 2.2%, 인덱스 펀드의 수익률은 7.1%를 기록했다. 진짜 승자는 내기의 상금을 기부받은 자선단체였다. 그리고 공교롭게도 버핏의 버크셔 해서웨이는 같은 기간 S&P500의 실적을 밑돌았다.

우리는 다음 40년 동안 '또 다른 워런 버핏'이 등장할 거라고 확신한다. 심지어 여러 명이 나타날 수도 있다. 하지만 그들이 누구일지 미리 알 수 없을 거라고 더욱 강력하게 확신한다. 앞에서 숫자로 분명히 보여 준 바와 같이 과거의 실적은 신뢰할 수 있는 미래의 나침반이 될 수 없다. 다음 버핏을 찾는 건 건초 더미에서 바늘을 찾는 것과 같다. 그러는 대신 우리는 저비용 인덱스 펀드라는 건초 더미를 통째로 사는 것을 추천한다.

인덱스 채권

인덱스 펀드는 주식시장에서도 유리하지만, 채권시장에서 더욱더 큰 장점을 갖고 있다. 채권 포트폴리오에 단 하나의 종목(예를 들면 제너럴모터스General Motors 혹은 클라이슬러Cryriser의 회사채)만을 보유하는 것은 결코 바람직하지 않다. 채권을 발행한 주체가 재정적인 어려움에 처할 경우에는 전액 상환이 불가능해질 수 있기 때문이다. 그것이 바로 광범위하게 분산된 채권 포트폴리오가 필요한 이유고, 그럴 때 채권 인덱스 펀드를 활용하는 것이 현명하다. 채권 인덱스 펀드는 적극적으로 운용되는 채권 펀드보다 우수하다는 사실을 장기적으로 증명해 왔다. 다음 표를 살펴보면 특히 장기 수익률에서 채권 인덱스 펀드가 적극적으로 운용되는 대다수의 채권형 펀드보다 유리하다는 사실을 알 수 있다.

▌국채 및 회사채 인덱스 펀드에 비해 수익률이 떨어지는 적극적 운용 채권형 펀드의 비율 (2019년 12월 31일까지 15년간)

	국채	회사채
단기	83%	71%
중기	89%	89%
장기	98%	97%

(출처: 스탠더드 앤드 푸어스, SPIVA U.S. Scorecard, 2020년 5월)

국제적 인덱스 펀드

인덱스 펀드는 미국 이외의 시장에서도 그 장점을 입증했다. 미국 이외의 선진국 시장에서 MSCI 선진국 지수MSCI EAFE[†]에 속한 모든 주식을 사들이는 저비용 인덱스 펀드는 대부분의 글로벌

---

† Morgan Stanley Capital International Europe, Australasia, and Far East의 줄임말로 미국, 캐나다를 제외한 21개 선진국 증시의 900여 개 중대형주를 기초로 한 주가 지수를 말한다. - 감수자

주식 운용 회사들보다 우수한 실적을 보였다.

효율성이 떨어지는 신흥 시장에서도 인덱스 펀드는 지속적으로 액티브 펀드를 능가했다. 자본시장 부문에서 새로 급성장하는 신흥 시장에서는 거래의 비효율성(낮은 유동성, 큰 매매 가격 스프레드, 높은 거래 비용) 때문에 포트폴리오를 변경하거나 액티브 운용 투자 전략을 실행하기가 어렵다. 하지만 과거에 주가 조작 사례가 많았던 중국 시장에서도 인덱스 펀드는 매우 효과적이었다.

▮ 기준 지수보다 실적이 부진했던 국제 주식형 펀드의 비율
(2019년 12월 31일까지 15년간)

펀드 유형	기준 지수	1년	3년	5년	10년	15년
글로벌 펀드	S&P Global1200	57.1%	65.1%	75.3%	82.6%	83.2%
인터내셔널 펀드	S&P700	57.3%	68.5%	77.7%	77.8%	90.4%

(출처: SPIVA® 보고서, 2020년 5월)

인덱스 펀드의 큰 장점

인덱스 펀드의 가장 큰 장점은 세금 효율성이다. 액티브 펀드는 세금 혜택을 받는 은퇴 자금 계획 외에는 커다란 세금 부담을 발생시킬 수 있다. 여러분의 펀드가 포트폴리오를 변경하는 적극적인 거래를 통해 자본 이익을 얼마나 창출하느냐에 따라서 과세가 결정되기 때문이다. 그리고 단기 자본 이익은 일반 소득세율이 적용되어 과세되므로 미국의 소득세를 고려하면 50%가 훨씬 넘는 세금을 내야 할 수도 있다.

반면에 인덱스 펀드는 장기 보유형 투자이므로 보통은 유의미한 자본 이익이나 과세될 정도로 많은 소득을 창출하지 않는다. 액티브 펀드가 비용과 세금 부담을 덜기 위해서는 연간 4.3% 포인트씩 시장 수익률을 상회해야 (혹은 시장 평균보다 60% 이상 높은 7% 정도의 수익을 거둬야) 인덱스 펀드의 손익 분기점을 넘을 수 있다.[†] 인덱스 펀드보다 훨씬 더 좋은 실적을 내는 액티브 펀드를

---

† 윈덤 캐피털 매니지먼트Windham Capital Management의 CEO인 마크 크리츠먼 Mark Kritzman의 추정치다.

찾아낼 확률은 사실상 제로다.

지금까지 얘기한 인덱스 펀드의 장점을 정리해 보자. 첫째, 인덱스 펀드는 투자를 단순화해 준다. 수천 개의 액티브 펀드를 비교하지 않아도 되고 힘들게 최고의 펀드를 찾아낼 필요도 없다. 둘째, 인덱스 펀드는 비용 면에서도, 세금 면에서도 효율적이다. 액티브 펀드의 잦은 유가증권 매매는 비용이 많이 들고 자본 이익에 따라 세금 부담을 증가시키는 경향이 있다. 마지막으로 인덱스 펀드는 예측이 가능하다. 시장이 하락할 때 손해를 보는 건 불가피하지만 액티브 펀드들이 2000년 초에 인터넷 주식이나 2008년에 은행 주식을 미친 듯이 사들였을 때 많은 투자자가 경험했던 것처럼 시장보다 훨씬 저조한 실적을 거두지는 않을 것이다.

물론 인덱스 펀드에 투자하면 골프장이나 미용실에서 다른 사람들에게 가격이 치솟은 특정 개별 주식이나 펀드를 샀다고 자랑할 수는 없다. 그래서 비평가들은 인덱스 펀드를 '보장된 평범함'이라고 부르는 걸 좋아한다. 그러나 우리는 인덱스 펀드를 평균보다 나은, 실적이 사실상 보장되는 '승자의 게임'에 비유한다. 왜냐하면 높은 투자 비용으로 인한 수익률 하락이 발생하지 않기 때문이다. 인덱스 펀드의 또 다른 장점은 우리를 속여서 어떤 행동을 취하게 만들고 실수를 저지르게 하는 뻔뻔한 선동가 미스터 마켓Mr. Market의 희생양이 되지 않는다는 점이다. 인덱스 펀드에 투자한 사람들은 매우 다양한 주식을 소유하고 있기 때문에 특정 주식에 대한 호재 혹은 악재에 일희일비하지 않는다. 그래서 훨씬 더 차분하게 자금 계획을 실천하면서 장기적인 목표에 집중할 수 있다.

한 가지 경고 사항

그러나 모든 인덱스 펀드가 똑같이 다 좋은 건 아니다. 인덱스 펀드 중에서도 비양심적으로 높은 운용 수수료를 부과하는 것이 있다. 여러분은 미국의 경우 연간 0.05% 이하로만 운용 수수료를 청구하는 보통주 펀드만 사야 한다. 글로벌 펀드의 경우 투자 수수료가 미국 펀드보다 높은 경향이 있으므로 가장 비용이 저렴한 글로벌 인덱스 펀드를 선택해야 한다. 이런 것들을 고려해 우리가 추천하는 펀드들을 다음 장에서 확인할 수 있다.

또한 ETFexchange-traded index fund(상장 지수 펀드)도 고려할 만하다. ETF는 주요 증권 거래소에서 거래되며 주식처럼 사고팔 수 있는 인덱스 펀드다. ETF는 다양한 개별 주식을 모아 놓았을 뿐 아니라 광범위한 미국 및 해외 지수를 추종한다. ETF는 뮤추얼 펀드와 비교해 몇 가지 장점이 있는데, 일단 ETF는 인덱스 펀드보다 비용 비율이 더 낮은 경우가 많다. 또한 하루 중 언제라도 (하루에 1회 이상 종가 기준으로) 매매가 가능하기 때문에 전문 트레이더들이 위험 회피 수단으로 선호하는 상품이다. 마지막으로 ETF는 비과세로 주식을 현금화할 수 있기 때문에 뮤추얼 펀드보다 세금 면에서 훨씬 더 효율적이다.

그러나 ETF는 IRA나 401(k) 같은 은퇴 자금 계획에 정기적으로 납입해 투자하는 개인에게는 적합하지 않다. 왜냐하면 납입할 때마다 상당한 비율로 중개 수수료가 발생하기 때문이다. 반면에 인덱스 펀드는 납입금에 대해서 거래 수수료가 부과되지 않는다. 또한 인덱스 펀드는 모든 배당금을 자동으로 펀드에 재투자하지만, ETF의 경우 배당금을 재투자하려면 추가로 거래를 해야 한다. 은퇴 자금 계획에 정기적으로 납입하는 개인은 ETF가 아니라 저

비용 인덱스 펀드에 투자하기를 권장한다.[†]

인덱스 펀드에 대한 두 가지 조언을 덧붙이며 이번 장을 마무리하겠다. 첫 번째는 투자자가 다양한 유형의 인덱스 펀드 중에서 무엇을 선택해야 하는지에 관한 것이다.

미국의 주식형 인덱스 펀드와 ETF 중 가장 유명한 펀드는 대형주로 구성된 S&P500 지수를 추종하는 것이다. 하지만 우리는 러셀3000Russell3000 지수 혹은 윌셔5000Wilshire5000 지수처럼 작은 회사 주식을 포함하는 더 광범위한 지수를 선호한다. 이러한 지수를 추종하는 펀드를 일반적으로 '전체 주식시장total stock market' 인덱스 펀드라 부른다. 80년이 넘는 주식시장의 역사는 중소형주로 구성된 포트폴리오가 대형주로 구성된 S&P500 지수보다 높은 수익률을 냈다는 사실을 보여 준다. 소형주들은 당연히 대형주보다 덜 안정적이고 더 위험하지만 평균적으로 미래에 좀 더 높은 수익을 낼 가능성이 있다. 전체 주식시장 인덱스

[†] 우리나라의 경우 인덱스 펀드 대비 ETF에 대해 별도의 추가적인 중개 수수료를 부과하지 않는다. 증권사마다 차이는 있으나, 온라인 개설 계좌의 경우 연금저축 펀드의 경우 ETF 매매 수수료가 0.014%, 개인형 퇴직 연금(IRP)의 경우 ETF 매매 수수료가 무료다. - 감수자

펀드는 투자자들이 경제 활동의 장기적인 성과로 혜택을 받는 좋은 방법이다.

반대되는 증거들을 모두 제시했음에도 불구하고 자신들이 정말로 시장보다 더 많은 것을 알고 있다고 생각하는 주식 매매 중독자들을 위해 두 번째 조언을 건넨다.

만약 당신이 또 다른 '구글'이나 넥스트 '워런 버핏'을 찾아내서 시장을 이기려 애

개별 주식에 투자하는 것은 무척 재밌는 일일 수도 있다. 그러나 당신의 소중한 은퇴 자금만은 인덱스 펀드에 투자하라고 진심으로 충고하고 싶다.

쓴다면 그런 시도가 전혀 불가능하다고 주장하지는 않겠다. 당신이 성공할 가능성은 적어도 경마장이나 카지노에서 하는 도박보다는 주식시장에서 더 높을 것이고, 개별 주식에 투자하는 것은 무척 재밌는 일일 수도 있다. 그러나 당신의 소중한 은퇴 자금만은 인덱스 펀드에 투자하라고 진심으로 충고하고 싶다. 전문 투자자들도 점차 그런 경향으로 바뀌고 있다. 정말로 개별 주식에

투자하고 싶다면 포트폴리오의 핵심을 잘 분산된 주식과 채권 인덱스 펀드에 넣은 후에 나머지 자금으로 베팅하라. 그러면 편안하고 걱정 없는 은퇴 생활을 누릴 기회를 걷어차지 않고, 위험이 훨씬 줄어든 상태에서 여분의 자금으로 시장과 경쟁할 수 있다.

고백

완벽한 사람은 없다. 우리도 분명 완벽하지 않다. 예를 들자면 이 책의 저자 중 한 명은 버크셔 해서웨이라는 특정 회사의 주식에 커다란 관심을 쏟고 있다. 그는 40년 동안 그 회사 주식을 소유했고 팔 생각이 없다. 그것도 모자라 거의 매일 그 회사의 주가를 확인한다! 물론 그건 정신 나간 짓이다. 물론 당사자도 그걸 알고 있지만, 자신을 어찌할 수가 없다. 또 다른 예를 들어 보자. 다른 저자는 개별 주식을 매입하는 걸 좋아하고 중국에 대한 관심이 지대하다. 그는 승자를 뽑으려는 게임을 즐기고 중국이 손주들에게 들려줄 성공 스토리가 될 거라고 믿는다.

  하지만 두 저자 모두 은퇴 자금을 안전하게 인덱스 펀드에 넣어 두었으며, 우리의 자녀들도 인덱스 펀드를 잘 활용하고 있다는 사실을 꼭 기억해 주길 바란다.

III

DIVERSIFY

분산하여 리스크를
최소화하라

투자자들에게 분산 투자의 중요성을 결정적으로 보여 주는 매우 슬픈 이야기가 하나 있다. 바로 1990년대 후반과 2000년대 초반에 전성기를 누린 엔론 주식회사Enron Corporation에서 근무했던 한 비서에 관한 이야기다. 엔론은 에너지와 통신 시장을 혁신하기 위해 설립된 신세대 기업 중 하나였다. 카리스마 넘치는 두 명의 주모자 케네스 레이Kenneth Lay와 제프 스킬링Jeff Skilling이 엔론을 경영했고, 그들의 기술력과 대담함은 언론으로부터 수많은 찬사를 받았다. 월스트리트의 사랑을 받으며 꾸준히 고공행진을 하는 엔론의 주가는 중력을 거스르는 것처럼 보였다.

다른 주요 기업들처럼 엔론은 직원들을 위해 401(k) 계획을 수립했고, 급여 지급 기간마다 자동으로 공제되는 정기적인 납입금에 대해 다양한 선택 사항을 제공했다. 직원들이 납입한 돈을 엔론 주식에 투자하는 것도 이 계획의 투자 옵션 중 하나였다. 엔론의 CEO 케네스 레이는 은퇴 자금의 투자 수단으로 엔론 주식을 활용하라고 직원들에게 강력히 권고했다. 엔론은 엘비스 프레슬리가 음악계에 혁명을 일으킨 것에 종종 비유되었고 오래전부터 존재했던 기존의 에너지 회사들은 한물간 유행가에 맞춰 춤추는 늙은이들로 취급했다. 그래서 그 비서는 은퇴 자금 전액을 엔론 주식에 넣었고 자신이 그렇게 했다는 사실에 너무나 즐거워했다. 그는 보통 비서들이 받는 수준 이상으로 월급을 받아 본 적이 없었지만, 주가가 급등하자 그의 은퇴 자금은 거의 300만 달러에 가까운 가치로 불어났다. 다음 해 내내 그는 여유롭게 은퇴 생활을 즐기며, 세계 일주를 하는 미래를 꿈꾸고 있었다.

어쨌든 그는 더 많은 '여가'를 즐기겠다는 소원을 성취했다. 지금은 모두가 알고 있지만, 당시 엔론은 분식 회계와 주가 조작의 모래성 위에 세워져 있었다. 결국 제프 스킬링은 감옥에 갔고 케네스 레이는 재판일을 기다리다가 사망했다. 엔론의 주가가 폭락하면서 비서의 은퇴 자금은 한 푼도 남김없이 증발했다. 그는 직장을 잃었을뿐더러 일생 모은 저축까지 날리고 말았다. 비서는 모든 달걀을 한 바구니에 넣는 실수를 저질렀다. 투자를 분산하는 것에 실패한 것만이 그가 한 유일한 실수는 아니었다. 근무하는 회사의 주식에 근로 소득을 모두 쏟아부으면서 회사의 위험을 자신의 포트폴리오로 떠안아 스스로를 이중 위험에 빠뜨렸다.

그는 투자에 있어서 몇 안 되는 절대 원칙 중 한 가지에 전혀 주의를 기울이지 않았다. 그것은 바로 분산 투자, 또 분산 투자, 그리고 분산 투자다.

제임스 로즈James Rhodes는 자동차 공장에서 합금판으로 펜더, 후드, 루프를 주조하면서 평생을 보낸 노동자였다. 직장을 그만 두었을 때 로즈와 그의 아내는 모아 놓은 저축금 전액을 안전한 크라이슬러 채권에 투자할 경우, 매년 8%의 매력적인 이자를 받을 수 있다고 판단했다. 수많은 자동차 회사의 직원들처럼 그는 빅3 자동차 기업들이 최악의 경제 상황에서도 살아남을 만한 능력이 있다고 믿었다. 또한 실제로 이자가 넉넉하게 지급되어 한동안 로즈 부부는 풍요로운 중산층 생활을 즐겼다.

하지만 지금 자동차 산업에 대한 로즈 부부의 신뢰와 그들의 은퇴 자금은 허공으로 날아가 버렸다. 2009년 크라이슬러와 제너

**자신을
보호하기 위해서는
모든 투자를 항상
분산시켜야 한다.**

럴모터스가 파산 신청을 하면서 채권 보유자들에게 약속한 지속적인 이자 지급은 이뤄지지 않았고, 파산한 회사의 주식을 보유한 개인 투자자들은 거의 모든 재산을 잃었다.

이러한 슬픈 이야기들은 투자의 기본 원칙을 너무나 분명하게 알려 준다. 폭넓은 분산 투자가 필수적이라는 사실이다.

엔론, 크라이슬러, 제너럴모터스만이 아니다. 놀랍게도 외견상으로는 거대하고 안정적으로 보이는 많은 기업이 파산했다. 심지어 와코비아Wachovia 같은 은행, 리먼브러더스Lehman Brothers 같은 투자회사, AIG 같은 보험회사를 포함한 금융 기관마저도 주식 가치가 추락한 후 파산하거나 합병되거나 혹은 정부의 구제 금융을 받아야 하는 처지로 내몰렸다. 그리고 더욱 주의를 기울여야 했음에도 불구하고 수많은 재무 임원이 '자기' 회사에 대한 충성심과 자신감을 느끼면서 자신이 일하는 회사에 전 재산을 투자한 결과 몰락했다. 만약 우리의 방식대로 했다면 401(k) 계획에 대한 직원들의 납입금을 자신들이 근무하는 회사에 투자하지 않았을 것이다. 자신을 보호하기 위해서는 모든 투자를 항상 분산시켜야 하기 때문이다.

자산에 대한 분산 투자

분산 투자는 실제로 무엇을 의미할까? 주식시장에 투자할 때 수백 가지 개별 주식으로 광범위하게 분산된 포트폴리오를 보유해야 한다는 뜻이다. 적은 자산을 가진 사람들 그리고 많은 자산을 소유한 사람일지라도 분산 투자를 제대로 실행하는 방법은 하나 이상의 저비용 주가 지수 뮤추얼 펀드(혹은 ETF)를 매입하는 것이다. 이 펀드는 수천 명의 투자자로부터 자금을 모아 수백 가지의 개별 보통주로 구성된 포트폴리오를 운용한다. 뮤추얼 펀드는 배당금을 모두 모으고, 회계 또한 모두 처리해 주며, 뮤추얼 펀드 보유자들이 원한다면 모든 현금 분배를 펀드의 더 많은 주식에 재투자한다.

일부 뮤추얼 펀드는 바이오테크 분야나 중국 기업 같은 특정한 시장 영역에 전문화되어 있지만 우리는 여러분에게 모든 주요 산업 분야에 걸쳐 광범위한 기업들의 유가증권을 보유하고 있는 펀드를 선택하라고 권장한다. 우리는 다섯 번째 원칙에서 가장 바람직하고, 가장 비용이 적게 들며, 가장 다양화된 투자 펀드를 선택하는 방법에 관해 설명할 것이다.

대부분의 경제 이슈는 모든 회사에 같은 방식으로 영향을 미치지 않기 때문에 투자자는 다양한 회사의 주식을 보유함으로써 위험을 줄일 수 있다. 이를테면 신약 허가 등의 호재는 약품을 개발한 기업에는 큰 기회가 되겠지만, 동시에 그것은 오랫동안 경쟁 상품을 만들어 온 회사들에는 위기가 된다. 심각한 경기 침체의 경우에도 다른 고객층을 상대하는 회사들에 서로 다른 영향을 미칠 것이다. 사람들이 허리띠를 졸라매면 티파니Tiffany의 명품 매출이 줄어들고 할인 매장인 월마트Wal-Mart의 매출은 늘어난다.

업종별로 다양한 주식을 보유해서 분산화를 실행해야 투자 리스크가 완화되는 것처럼 자산 종류도 다양하게 보유해서 분산화를 실행해야 한다. 많은 사람이 포트폴리오에 포함시키는 자산 중 하나가 채권이다. 기본적으로 채권은 기업과 정부에서 발행하는 차용증서를 말한다(정부에는 외국 정부, 주 정부 및 지방자치단체 또는 일반적으로 페니메이Fannie Mae라고 불리는 연방국민저당협회Federal National Mortgage

유가증권, 자산, 시장 그리고 시간에 대해 분산 투자하라.

Association 같은 미국 정부가 지원하는 기업도 포함된다). 그리고 주식에서 광범위하게 분산된 펀드를 보유함으로써 분산화를 실행하는 것처럼 채권에서도 광범위하게 분산된 채권형 펀드를 보유해야 한다.

미국 재무부는 대량의 채권을 발행한다. 재무부 채권은 그 무엇보다 안전한 것으로 평가되므로, 분산화를 필수적으로 고려하지 않아도 되는 유형에 속한다. 회사 사업의 실적에 따라 배당금과 수익률이 등락하는 보통 주식과 달리 채권은 고정 금리로 이자를 지급한다. 미국 재무부가 1000달러 채권을 20년 만기 5% 이자율로 발행한다면 원금이 상환될 때까지 매년 50달러의 이자가 지급될 것이다. 회사채는 안전성이 떨어지긴 하지만 광범위하게 분산된 채권 포트폴리오는 장기간에 걸쳐 상당히 안정적인 이자 수익을 제공해 왔다.

높은 등급의 채권은 주식시장의 필연적인 변동성을 상쇄시킴으로써 보통주 포트폴리오의 위험을 완화할 수 있다. 예를 들어 2008년 미국과 해외 시장의 투자자들이 예측한 것처럼 전 세계적으로 심각한 경기 침체가 일어나면서 보통주의 시세가 급락했다. 그러나 금융당국이 경기 부양을 위해 금리를 낮추자 미국 재무부 채권 포트폴리오는 가격이 상승했다. 금리 변동에 따라 채권 가격이 어떻게 변하는지 혼란스럽다면 '시소 규칙'을 기억하라. 금리가 떨어지면 채권 가격이 오른다. 반면에 금리가 오르면 채권 가격은 떨어진다.

다른 자산군들도 위험을 줄일 수 있다. 2008년 전 세계 모든 주식시장이 동반 하락했을 때 어디에도 숨을 곳이 없었다. 그러나 그 해의 상당 기간에 일부 국가의 시장이 침체되긴 했지만, 성장한 나라 또한 있었다. 예를 들어 주요 산업국들이 모두 깊은 불황으로 빠져들었던 2009년에 광활한 중서부 지역을 개발하고 있던 중국 같은 나라는 계속해서 성장했다.

인플레이션 기간에 목재와 석유 같은 실물 자산과 부동산은 원자재 가격이 상승할 때 이윤이 줄어들 가능성이 있는 일반적인 기업 주식보다 더 나은 인플레이션 위험 회피 수단을 제공한다. 이에 따라 실물 자산과 부동산은 오랜 기간 유용한 분산화 수단이라는 것이 입증되었다. 예컨대 금과 금광 회사는 분산 투자를 위해 선택할 수 있는 상품으로서 독특한 역할을 하는 경우가 많았다. 역사적으로 금은 불확실하고 위험한 시기에 투자자들이 의지할 수 있는 자산이 되어 주었기에 종종 재앙을 피하는 안전지대라고 불린다.

만약 여러분이 이 책의 뒷부분에 제시된 광범위한 인덱스 펀드를 매입한다면 부동산 직접 투자와 상품commodity 투자의 이점을 얻을 수 있을 것이다. 이른바 '전체 주식시장' 펀드에는 부동산 기업과 실물 자산이 모두 포함되어 있으므로 한 번의 매입으로 폭넓은 주식 분산화를 이룰 수 있다.

시장에 대한 분산 투자

유럽, 아시아 등 해외 시장 기업들의 주식도 분산 투자 효과를 제공한다. 미국이 감기에 걸리면 나머지 선진국들은 폐렴에 걸린다는 비유는 분명 일리가 있다. 2008~2009년의 시장 붕괴와 고통스러운 경기 침체는 전 세계적인 현상이었다. 코로나19 바이러스가 세계 경제를 쑥대밭으로 만들었지만, 전 세계 주식시장이 항상 그에 발맞추어 움직이는 건 또 아니다. 미국 경제가 호황이던 1990년대 일본 경제는 장기 불황이 시작되었다. 미국 달러화가 하락했던 2000년대에는 유로화가 상승했고 그럼으로써 유럽 증시를 끌어올렸다.

세계화가 각국의 경제를 점점 더 긴밀하게 연결시키고 있긴 하지만, 그럼에도 여전히 포트폴리오를 미국 주식으로 한정하지 말아야 할 충분한 이유가 여기에 있다. 다시 말해서 포트폴리오에 자동차 주식을 넣을 때 디트로이트에 있는 회사들, 미국의 대표 자동차 기업들로 한정해서는 안 된다는 얘기다. 도요타와 혼다를 포함시키는 것이 더 바람직하게 분산된 포트폴리오다.

일반 투자자로서 광범위한 분산 투자를 실행하는 것이 너무나 어렵게 느껴지는가? 걱정할 필요가 없다. 이에 간편한 해결책을 제공하는, 매우 저렴한 비용으로 다각적인 투자 효과를 누릴 수 있는 펀드들이 있다. 우리는 부동산 회사와 금광 회사 같은 원자재 생산업체들을 포함하는, 넓게 분산된 미국 전체 주식시장 인덱스 펀드를 추천한다.

또한 미국 이외의 전체 주식시장 펀드를 활용하여 급성장하는 신흥 시장을 비롯해 세계 경제 전반에 걸쳐서 분산 투자를 실행하는 방법도 제시할 것이다. 이에 더해 전체 채권시장 펀드에 관련된 매우 다양한 채권 포트폴리오를 여러분에게 제공할 것이다. 이러한 분산 투자 원칙을 따른다면 다섯 번째 원칙에서 구체적으로 제시한 펀드를 통해 여러분은 저렴한 비용으로 잘 분산된 포트폴리오를 구성할 수 있다.

시간에 대한 분산 투자

마지막으로 강조하고 싶은 분산 투자의 원칙은 시간 분산이다. 한 시점에 모든 투자를 실행하지 마라. 만약 그렇게 하면 2000년 초반 최고점에서 주식시장에 전 재산을 쏟아부은 사람처럼 불행해질 수 있다. 2000년 초에 모든 것을 시장에 들이부은 투자자는 10년 동안 마이너스 수익률을 경험해야 했다. 1970년대도 마찬가지로 안 좋은 시기였다. 그리고 1929년 최고점에 투자 자금을 모두 쏟아부은 투자자는 저자 중 한 명의 아버지처럼 20년이 넘도록 손실을 만회하지 못했다.

일정 시간에 걸쳐 정기적으로 한 걸음씩 투자를 실행해야 위험을 줄일 수 있다. 월별 또는 분기별로 일정한 금액을 투자하면 가격이 상대적으로 낮은 시점에 효과적으로 주식을 매입할 수 있다. 투자 전문가들은 이를 '정액 분할 투자법dollar-cost averaging'이라고 부른다.

동등한 금액을 나누어 일정 시간에 걸쳐 투자할 경우 가격이 높을 때는 주식을 덜 매수하고 가격이 낮을 때는 주식을 더 많이 매수하게 된다. 이것이 위험을 완벽하게 제거할 수는 없지만 일시적으로 부풀려진 가격에 포트폴리오 전체를 매입하는 실수를 저지르지 않도록 해 준다. 잘못된 시점에 투자 자금 전부를 주식시장에 투입하게 되면 일평생 주식을 쳐다도 안 볼 만큼 신물이 날 수도 있고 힘들고 복잡한 삶의 문제를 야기할 수도 있다.

정액 분할 투자법을 활용하면 투자자들은 매년 꾸준하게 가격이 오르는 시장보다 가격 변동성이 큰 시장에서 실제로 더 좋은 결과를 얻을 수 있다. 모든 투자가 폭넓은 주식시장 인덱스 펀드에서 이루어지고 매년 1000달러씩 5년에 걸쳐 투자한다고 가정할 때, 두 가지 시나리오를 비교해 보자.

첫 번째 시나리오는 주식시장의 변동성이 매우 커서 급격한 상승과 하락을 반복하다가 정확히 시작된 곳에서 끝난다. 두 번째 시나리오는 주식시장이 매년 꾸준히 상승한다는 전제다. 결과를 확인하기 전에 어떤 시나리오의 투자자가 더 많은 수익을 거둘지 예측해 보자. 아마도 분명 거의 모든 사람이 시장이 직선으로 우상향할 때 더 많은 수익을 얻으리라 기대할 것이다. 이제 결과를 살펴볼 차례다.

정액 분할 투자법(Dollar-Cost Averaging)

연도	시나리오1(등락하는 시장)			시나리오2(상승하는 시장)		
	투자 금액	인덱스 펀드의 가격	매수한 주식 수	투자 금액	인덱스 펀드의 가격	매수한 주식 수
1년	$1000	$100	10	$1000	$100	10
2년	$1000	$60	16.67	$1000	$110	9.09
3년	$1000	$60	16.67	$1000	$120	8.33
4년	$1000	$140	7.14	$1000	$130	7.69
5년	$1000	$100	10	$1000	$140	7.14
투자 금액	$5000			$5000		
매수한 총 주식 수			60.48			42.25
매수한 주식의 평균 가격		$82.67	($5000/60.48)		$118.34	($5000/42.25)
최종 가치		$6048	(60.48×$100)		$5915	(42.25×$140)

왼쪽의 표는 매년 1000달러씩 투자된다고 가정한 것인데, 시나리오1에서 시장은 투자 프로그램이 시작된 직후에 하락하고 그다음 급격히 상승했다가 다시 하락하여 5년 후에 정확히 시작되었던 지점에서 끝난다. 시나리오2에서는 시장이 계속 상승하여 결국 40%까지 오른다. 두 시나리오 모두 5000달러의 자금으로 시작하지만, 시나리오1의 변동성 있는 시장의 투자자는 주가가 정확히 시작된 곳에서 끝났음에도 불구하고 6048달러(1048달러의 수익)로 마감한다. 그러나 매년 시장이 상승해 시작점보다 약 40% 오르는 시나리오2에서 투자금의 최종 가치는 5915달러에 불과하다.

워런 버핏은 위에서 설명한 투자 기법에 대해 명쾌한 해설을 제시한 바 있다. 그가 쓴 책의 한 부분을 읽어 보자.

"간단한 퀴즈를 내 보겠다. 만약 여러분이 평생 햄버거를 먹을 예정이고 소를 키우는 목축업자가 아니라면 쇠고기 가격이 높아야 좋을까 낮아야 좋을까? 마찬가지로 만약 여러분이 자동차를 살 예정이고 자동차 제조업체 사장이 아니라면 자동차 가격이 더 높은 걸 선호할까 아니면 더 낮은 걸 선호할까? 물론 이 퀴즈의 정답은 분명하다.

이제 중요한 질문을 던지겠다. 만약 여러분이 다음 5년 동안 수익을 거두고 싶다면 그 기간에 주식시장이 더 오르기를 바라야 할까 아니면 더 떨어지기를 바라야 할까? 많은 투자자가 이 질문에 틀린 답을 말한다. 앞으로 몇 년 동안 주식을 매수하겠다고 마음먹은 투자자들은 주가가 상승할 때 기뻐하고, 주가가 하락하면 우울해한다. 사실상 그들은 자신들이 구매할 예정인 '햄버거'의 가격이 올랐기 때문에 기뻐하는 셈이다. 이런 반응은 지혜롭지 못하다. 주가가 오르는 걸 보고 좋아해야 할 사람은 가까운 장래에 주식을 매도할 사람들뿐이다. 매수 예정자들은 주가가 하락하는 걸 훨씬 더 좋아해야 한다."

물론 정액 분할 투자법이 주식 투자의 위험을 없애 주는 만병통치약은 아니다. 어떤 투자 기법도 여러분을 가혹한 약세 시장에서 보호해 줄 수 없다. 그러므로 2008년 같은 어려운 시점이 닥쳐오면, 여러분의 은퇴 자금 계획도 엄청난 가치 하락을 피하지 못할 것이다. 그러나 하늘이 가장 어두울 때도 정기적인 투자를 계속할 수 있는 현금과 자신감이 있어야 한다. 아무리 경제 뉴스가 우울하고 희망을 품기가 어렵더라도 꾸준하게 정액 분할 투자법을 실행하고 포기해서는 안 된다. 포기해 버리면 급격한 시장 하락 이후 여러분의 포트폴리오에 넣을 만한 주식이 저가 매물로 나왔을 때 최소한 일부를 매수할 기회마저 놓치게 된다.

정액 분할 투자법은 가격 할인을 제공하기도 한다. 정액 분할 투자법으로 주식을 매수한 뒤 계산해 보면, 매수한 주식의 '평균 가격'은 여러분이 주식을 매수했을 때의 시가보다 낮을 것이다. 왜일까? 정액 분할 투자법을 통해 낮은 가격에 더 많은 주식을 매수하고 높은 가격에 더 적은 주식을 매수했기 때문이다.

시장이 직선으로 상승할 경우 정액 분할 투자법은 최적의 전략이 아니기 때문에 일부 투자 상담사들은 이 투자 기법을 추천하지 않는다. 차라리 초반에 5000달러를 모두 시장에 투자하라고, 그게 더 이익이라고 이야기한다. 하지만 시장은 끝없이 상승할 수 없고 정액 분할 투자법은 미래의 하락할지도 모르는 주식시장에 대한 합리적인 대비책이 되어 준다. 또한 2000년 3월이나 2007년 10월 같은 최고점에서 당신의 모든 돈을 주식시장에 쏟아붓고 후회하는 일이 없도록 해 준다.

포트폴리오 재분배

리밸런싱rebalancing, 즉 재분배는 전문 투자자가 효율적으로 분산된 포트폴리오의 상태를 유지하기 위해 사용하는 전략이다. 이 전략은 복잡하지 않으므로 개인 투자자들도 포트폴리오 재분배를 적극적으로 활용할 필요가 있다.

시장 가격은 시간의 흐름에 따라 변동하기 때문에 여러분의 포트폴리오에 들어 있는 주식이나 채권의 가치도 변하게 된다. 재분배는 포트폴리오에서 다양한 투자 자산의 구조를 주기적으로 점검하고 미리 정해 놓은 목표를 벗어나면 여러분이 원하는 비율로 되돌려 놓는 것이다. 이를 통해 투자 포트폴리오의 변동성과 위험을 줄이고 수익률을 높일 수 있다.

당신의 나이와 성향에 가장 적합한 포트폴리오 비율이 주식 60% 채권 40%라고 가정해 보자. 은퇴 자금 계좌에 새롭게 납입한 돈의 60%를 주식 펀드에, 나머지를 채권 펀드에 투자한 상황이다. 시간의 흐름에 따라 채권시장과 주식시장이 움직이면서 포트폴리오의 비율도 변화를 겪게 된다. 작은 변화(플러스 또는 마이너스 10%)는 무시해도 좋다. 하지만 단기간에 증시가 2배로 뛰었는데, 채권 가치는 일정하게 유지된다면 어떤 일이 벌어질까? 갑자기 당신은 포트폴리오의 4분의 3이 주식에 투자되고 4분의 1만이 채권에 할당되어 있음을 깨닫게 될 것이다. 그렇게 되면 전반적인 시장 리스크 때문에 당신에게 가장 적합하게 맞춰 놓은 포트폴리오의 균형이 깨질 수 있다. 혹은 2008년에 투자자들이 했던 경험처럼 주가가 급락하고 채권 가격이 오르면 어떻게 될까? 그런 경우 당신은 어떻게 대응해야 할까?

포트폴리오를 원래의 비율대로 되돌려 놓는 것이 올바른 대응이다. 이것이 우리가 말하는 '재분배'인데, 이는 포트폴리오의 자산 비율을 당신에게 가장 적합하고 이상적인 비율에서 너무 멀리 벗어나지 않도록 조정하는 것이다.

당신의 포트폴리오 중 주식 비중이 너무 높아졌다고 가정해 보자. 그런 경우 주식 투자로 받은 배당금뿐 아니라 앞으로 새롭게 납입할 돈을 채권 투자로 전환할 수 있다. (균형이 심하게 어긋나면 보유 중인 주식형 펀드에서 일부 자금을 인출해서 채권 투자로 전환할 수 있다.) 채권 투자의 비중이 높아져서 원하는 비율을 초과했다면 주식으로 돈을 옮기면 된다.

한 종류의 자산 가치가 하락하는 경우 올바른 대응 방법은 절대로 당황하지 말고 더 많이 매입하는 것이다. 물론 더 많이 매입하려면 장기적인 인내심과 용기가 필요하다. 다음 사항을 명심하자. 진정한 장기 투자자라면 주가가 낮아질수록 싼 가격으로 주식을 매수하는 게 바람직하다. 물론 시장이 급격히 하락할 때는 재분배가 '더 많은 돈을 잃는 길'처럼 보일 수 있다. 그러나 장기적으로 보면, 절제된 방식으로 포트폴리오를 재분배하는 투자자들은 충분한 보상을 받는다.

실제로 시장이 매우 불안정할 때 재분배는 수익률을 높여 주었고 동시에 포트폴리오의 변동성을 줄임으로써 위험을 낮춰 주었다. 1996년부터 2017년까지의 기간이 이것에 관한 훌륭한 사례라고 할 수 있다. 일단 투자자가 선택한 비율이 주식 60% 채권 40%라고 가정해 보자. 포트폴리오의 주식과 채권 비율에 대해 미국 전체 주식시장 인덱스 펀드와 미국 전체 채권시장 인덱스 펀드를 활용해 재분배의 장점을 설명하겠다. 다음의 표는 분기별 수익률의 변동성을 측정했을 때 재분배가 위험을 줄이면서 투자자의 수익률을 어떻게 높이는지를 보여 준다.

▌재분배의 중요성

포트폴리오[a]: 전체 주식시장 60% 전체 채권시장 40%	연평균 수익률	위험(변동성)[b]
매년 재분배했을 경우	7.83%	10.40
재분배하지 않았을 경우	7.71%	11.63

[a] 뱅가드 전체 주식시장 인덱스 펀드로 대표되는 주식. 뱅가드 전체 채권시장 인덱스 펀드로 대표되는 채권(세금은 고려하지 않음).

[b] 수익률의 표준편차로 측정된 포트폴리오의 연간 수익률 변화.

만약 투자자가 이 기간 초반에 60 대 40으로 포트폴리오를 매입하고 21년 동안 그대로 보유했다면 연평균 7.71%의 수익을 거두게 된다. 그러나 60 대 40 비율을 유지하기 위해 매년 포트폴리오를 재분배했다면 수익이 7.83%로 증가한다. 게다가 분기별 실적이 더욱 안정적이기 때문에 투자자는 21년 동안 편안하게 잠들 수 있다.

위의 1996년 1월부터 2017년 12월까지 매년 재분배된 포트폴리오는 변동성을 낮추고 수익률을 높였다. 재분배가 왜 이렇게 효과적인 것일까?

**재분배가 항상 수익률을
높여 주는 건 아니다.
하지만 포트폴리오의 위험성을
낮춰 주고 실제 자산 비율을
당신의 요구와 성향에
적합하게 유지시켜
주는 것은 확실하다.**

투자자가 1년에 한 번씩 1월 초에 포트폴리오를 재분배했다고 가정해 보자. (자주 할 필요는 없다. 1년에 한 번 재분배하면 충분하다.) 인터넷 버블이 정점에 달했던 2000년 1월간 포트폴리오의 주식 비중이 60%를 훨씬 상회해서 일부 종목을 매도했고 그 수익금은 금리가 오르면서 가격이 하락하던 채권에 투입했다.

투자자는 주식시장이 최고점에 근접했다는 사실을 알지 못했다 (실제 최고점은 2000년 3월이었다). 하지만 주식 가격이 치솟을 때도 주식에 대해 가볍게 생각할 수 있었다. 2003년 1월, 재분배가 이뤄졌을 때는 상황이 달라졌다. 주가가 큰 폭으로 하락했고(2002년 10월이 시장의 최저점이었다) 연방준비제도이사회Federal Reserve Board of Governors가 금리를 낮추면서 채권 가격이 상승했다. 그래서 투자자는 포트폴리오의 채권에서 일부를 현금화하여 주식에 투자했고 시간이 지나자 이는 매우 효과적인 대응으로 판명됐다.

재분배가 항상 수익률을 높여 주는 건 아니다. 하지만 포트폴리오의 위험성을 낮춰 주고 실제 자산 비율을 당신의 요구와 성향에 적합하게 유지시켜 주는 것은 확실하다.

또한 투자자들은 나이가 들면, 포트폴리오의 자산 비율을 바꾸기 위해 재분배를 고려해야 한다. 의도적으로 주식 비중을 줄이는 보수적인 자산 배분은 은퇴에 접어들었을 때 당신의 스트레스를 상당히 덜어 줄 것이다.

IV

AVOID
BLUNDERS

그 누구도 아닌
자기 자신을 조심하라

장기적인 투자에 성공하기 위해서는 시장이나 경제 상황보다 훨씬 더 중요한 요소가 있다. 바로 당신이다.

이 책의 저자는 둘 다 80대 노인이다. 미국인들이 가장 좋아하는 투자자인 워런 버핏은 90세가 넘었다. 버핏의 눈부신 실적과 우리의 괜찮은 실적의 가장 큰 차이점은 경제나 시장이 아니라 그가 오마하에서 온 사람이라는 것이다. 물론 그는 전 세계의 어떤 아마추어 투자자 혹은 프로 투자자보다 더 나은 투자자임이 확실하다. 명석하고 이성적이며 뛰어난 사업가 마인드를 가졌음에도 불구하고 그는 언제나 더 나은 투자자가 되기 위해 많은 시간과 노력을 기울이고 더욱더 절제된 삶을 살아간다.

이런 버핏이 오늘날의 성공을 거두게 된 핵심 비결은 무엇보

**수많은 인간이
증명해 왔듯이 성공의 비결은
인내와 끈기, 그리고
실수를 최소화하는 것이다.**

다 수많은 사람이 저지르는 치명적인 실수를 피한 덕분이다. 두 가지 예를 살펴보자. 2000년 초, 주식시장 관계자들은 버핏이 투자 감각을 잃었다고 혹평했다. 그가 이끄는 버크셔 해서웨이의 포트폴리오가 기술 기업과 인터넷 스타트업의 주식을 미친 듯이 사들이며 인기를 누리던 첨단 기술주 펀드의 엄청난 수익률에 미치지 못했다는 근거를 들면서 말이다. 당시 버핏은 모든 기술주를 피했다. 그는 2000년 버크셔 해서웨이 주주총회에서 자신이 완전히 이해하지 못하는 기업에는 절대로 투자하지 않겠다고 투자자들에게 말했다. 또한 자신은 복잡하고 빠르게 변화하는 기술 분야를 잘 알지 못하며, 그런 비즈니스 모델이 어떻게 엄청난 수익을 유지할 수 있는지 알 수 없다고 공공연하게 말했다. 이런 이야기를 듣고 몇몇 사람들은 버핏이 고리타분하고 시대에 뒤떨어진 인물이라고 평가했다. 하지만 인터넷 관련 주식들이 폭락했을 때 승리의 미소를 지은 사람은 버핏이었다.

2005년과 2006년에도 버핏은 당시 인기를 누리던 복잡한 구조의 모기지론 담보 증권과 많은 투자자가 매입했던 파생 상품들을 대부분 피했다. 버핏은 그 상품들이 너무 복잡하고 불투명하다는 견해를 내비치며, 그것들을 '금융계의 대량살상무기'라고 불렀다. 2007년 많은 금융 기관이 무너졌을 때 (그리고 전체 금융 시스템이 붕괴됐을 때) 버크셔 해서웨이는 최악의 사고를 면했다.

투자를 성공으로 이끄는 중요한 비결 하나는 심각한 문제, 특히 불필요한 위험을 초래하는 문제를 피하는 것이다. 그러나 투자자들은 무익하고 치명적인 투자 실수를 너무 자주 저지르면서 자신을 망친다. 이 장에서는 여러분의 목표 실현을 방해하는 여러 가지 투자 실수를 지적하려고 한다.

수많은 인간이 증명해 왔듯이 성공의 비결은 인내와 끈기, 그리고 실수를 최소화하는 것이다. 운전할 때 가장 중요한 건 심각한 사고를 일으키지 않는 것이고, 테니스에서 핵심은 공을 받아치는 것이다. 그리고 투자에 있어서 핵심은 인덱스 펀드를 매입하는 것이다. 그것이야말로 너무나 많은 투자자에게 해를 끼치는 실수를 피하고 막대한 비용이 나가는 것을 막는 비결이다.

과도한 자신감

최근 몇 년 동안 행동심리학자들과 금융경제학자들은 행동 재무학behavioral finance이라는 중요한 학문을 새롭게 만들어 냈다. 그들의 연구는 투자자들이 항상 이성적인 것은 아니며 투자에 있어서 최악의 적은 자기 자신이라는 사실을 보여 준다. 연구 결과에 따르면 투자자들은 지나치게 자신감에 차 있다. 또 상황을 자신이 통제할 수 있다는 환상을 품으며 군중 심리에 휩쓸리는 경향이 있다. 지금 이런 이야기를 하는 이유는 미리 경고를 받아야 대비할 수 있기 때문이다.

우리가 몸담고 있는 예일대와 프린스턴대의 심리학 교수들은 학생들을 대상으로 한 가지 기술에 대해 자신과 친구의 실력을 어떻게 평가하는지 묻는 설문조사를 실시한 적이 있다. 예를 들면 '당신은 평범한 친구들보다 운전 실력이 더 뛰어나다고 생각하는가?'와 같은 질문을 학생들에게 던지는 것이다. 압도적인 다수가 친구들과 자신을 비교했을 때 자신이 평균 이상의 운전 실력을 갖췄다고 대답했다. 심지어 자신을 기만하는 게 더 어려워 보이는 운동 능력에 관해 물었을 때도 대부분의 학생은 자신이 평균 이상의 운동 실력을 지녔다고 답했고, 무용이나 환경보호 등을 포함한 다양한 분야의 능력에 관한 질문에서도 학생들은 자신을 평균 이상이라고 인지하고 있었다.

이런 경향은 투자에서도 마찬가지로 나타난다. 투자에 성공했을 때 우리는 행운과 실력을 혼동한다. 2000년 초 인터넷 주식이 폭등했을 때 자신을 투자 천재라고 착각하는 사람이 넘쳐났다. 과도한 자신감이라는 치명적인 실수를 피하기 위한 첫 번째 단계는 그런 착각이 얼마나 만연한지를 스스로 인지하는 것이다. 아마추어 테니스에서는 화려한 기술 따위 없어도 꾸준히 공을 받아치는 선수가 보통 이긴다. 마찬가지로 투자에 있어서는 폭넓게 분산된 저비용 인덱스 펀드 포트폴리오를 꾸준하게 보유하는 장기 투자자가 투자 목표를 달성할 가능성이 가장 높다.

투자자들은 증시를 예측하겠다는 욕망을 버려야 한다. 전문가라고 알려진 사람들의 예측조차도 무작위 추측보다 나을 게 없다. 주식시장에 대한 예측을 묻자 J. P. 모건의 대답은 '변동하겠지요'였는데, 그 말이 옳다. 주식시장의 방향을 예측하는 모든 전망은 역사적으로 대략 50%가 맞았고 50%가 틀렸다. 농선 던지기에서 한쪽 면에 돈을 더 많이 걸지 않는 것처럼 주식시장을 예측하고 그에 따라 투자할 생각은 절대로 하지 말아야 한다.

왜 그래야 할까? 명확한 데이터를 바탕으로 한 여러 '실물 경제'에 대한 전망은 매우 유용하다. 일기 예보가 딱 그런 경우다. 하지만 시장을 예측하는 건 몇 배나 더 어렵다. 시장 예측이 대부분 실패하는 이유는 이미 수많은 정보를 가진 투자자가 최상의 추정치를 내고, 바로 그 관점을 실제 돈으로 표현하는 총체적인 결과물이 바로 시장이기 때문이다. 주식시장을 예측하는 것은 다른 투자자들이 모든 노력을 다해 예상한 추정치가 어떻게 바뀔 것인지를 정말로 무모하게 예측하는 것이다. 시장을 예측하는 사람이 옳기 위해서는 다른 모든 투자자의 시장 예측치, 즉 컨센서스가 잘못되어야 하며, 그러한 적극적인 투자자들의 컨센서스가 변함으로써 시장이 상향 하향 중 어느 쪽으로 움직일 것인지까지도 예측해야 한다.

우리는 인간이기 때문에 미래가 어떻게 될지 늘 알고 싶어 한다. 역사 속에서도 예언자와 점성술사들은 수많은 예측을 했다. 수백 년 동안 이성적인 경험을 통해 미신들이 사라졌지만 우리는 여전히 인간일 뿐이고, 예측할 수 없는 미래를 두려워한다. 그래서 빌딩에는 13층이 없고, 사다리 아래로 지나가는 것을 피하며, 왼쪽 어깨 너머로 소금을 뿌리고, 금이 간 보도블록을 밟지 않는다. '케세라세라(Que sera, sera, 어떻게든 되겠지)'는 노래로써는 매력이 있지만 우리에게 진정한 안정감을 주지는 못한다.

여러분이 투자를 할 때, 주식시장과 금리, 그리고 경제 예측 등을 어떻게 받아들여야 할까? 정답은 '아무것도 받아들이지 않는 것'이다. 모든 시장 예측을 무시하면 불안감을 떨쳐 버릴 수 있을 뿐 아니라 시간과 돈도 절약된다.

캘리포니아 버클리대학교 하스경영대학원의 필립 테틀록 Philip Tetlock 교수는 경제 예측에 대한 가장 전문적이고 규모가 큰 연구를 수행한 바 있다. 그는 25년간 300명의 전문가가 예측한 8만 2000번의 시장 흐름을 분석했다. 그 결과 전문가들의 예측은 무작위 추측을 간신히 이기는 수준이었다. 아이러니하게도 서명한 전문가일수록 예측의 정확도가 떨어지는 경우가 많았다.

그렇다면 여러분이 투자할 때, 주식시장과 금리, 그리고 경제 예측 등을 어떻게 받아들여야 할까? 정답은 '아무것도 받아들이지 않는 것'이다. 모든 시장 예측을 무시하면 불안감을 떨쳐 버릴 수 있을 뿐 아니라 시간과 돈도 절약된다.

미스터 마켓을 조심하라

인간은 사회적 존재이므로 다수일 때 안전하다고 느낀다. 증시가 상승하는 동안 희열을 느낀 투자자들은 점점 더 낙관적인 경향을 갖게 되어 자신도 모르게 더 큰 위험을 감수하고 만다. 그래서 투기성 거품이 스스로를 먹이로 삼는 것이다. 하지만 친구들 사이에서 널리 화제가 되었거나 언론에 의해 과장된 투자는 성공하지 못할 가능성이 매우 높다.

역사를 통틀어 최악의 투자 실수 중 몇 가지 사례는 투기성 거품에 휩쓸린 사람들이 저질렀다. 1630년대 네덜란드의 튤립 파동, 1980년대 일본의 부동산 버블, 1990년대 후반 미국의 인터넷 주식 광풍에서 확인할 수 있듯이 '이번에는 다르다'라고 믿는 집단 심리가 많은 사람을 최악의 투자 실수로 이끌었다. 전염성 강한 도취감Euphoria에 빠진 투자자들이 점점 더 큰 위험을 감수하게 되듯, 이와 같은 자기 파괴적 행동은 비관론이 만연하고 그것이 가장 설득력 있어 보일 때 많은 투자자가 시장 바닥 가까이에서 주식을 투매하도록 이끈다.

투자를 통해 배우는 가장 중요한 교훈 중 하나는 무리를 따라 다니면서 시장 예측에 근거한 과신이나 낙담에 휩쓸리지 말아야 한다는 것이다. 다시 말해 '미스터 마켓'을 조심하라는 얘기다.

투자 분석의 아버지 벤저민 그레이엄Benjamin Graham이 만들어 낸 가상의 두 인물은 투자자인 우리의 관심을 끌기 위해 서로 경쟁한다.[†] 하나는 미스터 마켓이고 다른 하나는 미스터 밸류Mr.

[†] 벤저민 그레이엄, 제이슨 츠바이크, 김수진 옮김, 《벤저민 그레이엄의 현명한 투자자》, 국일증권경제연구소, 2016.

Value다. 미스터 밸류는 모두에게 필요한 수많은 재화와 서비스를 개발하고 제조하고 판매한다. 양심적인 미스터 밸류는 반복적이고 종종 지루한 일을 열심히 처리하면서 우리의 복잡한 경제가 매일 수백만 가지의 중요한 기능을 수행하도록 밤낮으로 애쓴다. 사람들은 좀처럼 흥분하지 않는 미스터 밸류가 자신의 욕구를 충족시키기 위해 최선을 다하리라고 기대한다.

미스터 밸류가 모든 궂은 일을 할 때, 미스터 마켓은 모든 즐거움을 누린다. 미스터 마켓은 두 가지 악의적인 목표를 가지고 있다. 첫 번째는 투자자들을 속여서 시장 바닥이나 그 근처에서 주식이나 펀드를 팔게 만드는 것이고, 두 번째는 투자자들을 유혹하여 최고점이나 그 근처에서 주식이나 펀드를 사들이게 만드는 것이다.

미스터 마켓은 잘못된 시점에 투자 포트폴리오를 바꾸도록 속이는 능력이 정말 뛰어나다. 때로는 무섭고, 때로는 부드러우면서 매력적으로, 때로는 설득력 있게 긍정적으로, 때로는 설득력 있게 부정적이지만, 언제나 매혹적인 이 사악하고 세심한 관리가 필요한 경제 난봉꾼은 오직 한 가지 목표만을 가지고 있다. 여러분이 뭔가를 하게 만드는 것. 그래서 여러분은 포트폴리오를 변경하고 주식을 사고판다. 여러분이 뭔가 하게 만들 수만 있다면 무엇이든 좋다. 그런 다음 또 다른 행동을 취하도록 만든다. 여러분이 그렇게 할수록 미스터 마켓은 더욱더 즐거워한다.

미스터 마켓을 따르는 데는 많은 돈이 든다. 물론 거래 비용은 전체 비용의 작은 부분을 차지하지만 전체 비용의 상당 부분이 우리가 미스터 마켓에게 속아서 비싸게 사고 싸게 파는 실수에서 비롯된다. 이 교활한 악마는 대단한 성공을 기록해 왔다. 그가 투자자 전체를 속여 온 방법을 살펴보자. 다음 페이지의 도표에서 주식형 펀드로 들어가는 돈의 흐름은 일반적인 시장 가격과 반대로 겹쳐진다. 미스터 마켓은 가격이 높을 때 자금이 유입되도록 만든다. 투자자들은 정확히 잘못된 시점에 주식형 펀드에 돈을 쏟아붓는다.

시장의 최고점이었던 1999년 4분기와 2000년 1분기에 어느 때보다 많은 자금이 주식형 펀드로 유입되었다. 그리고 시장에 유입된 대부분의 돈이 첨단 기술과 인터넷 주식 펀드로 향했다. 그 주식들은 가장 높은 가격으로 치솟다가 이후 약세장에서 가장 많이 하락했다. 그리고 시장의 최저점이었던 2002년 3분기에는

▌증시 변동에 따른 주식형 펀드로의 현금 유입과 유출

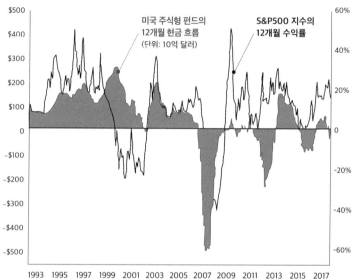

(출처: 뱅가드 그룹)

펀드가 상환되거나 청산되면서 그 어느 때보다도 많은 돈이 시
장에서 빠져나갔다. 또한 2007~2008년 혹독한 약세장이 펼쳐졌
을 때는 최상의 시장 회복 시점 직전에 항복을 선언하며 펀드를
최저가로 투매한 투자자들에 의해 기록적인 인출이 이루어졌다.

　중요한 것은 오늘의 가격이나 내년의 가격이 아니라 은퇴 이후의 생활 자금을 마련하기 위해 매매할 때의 가격이다. 물론 이 책을 읽는 투자자 대부분에게 은퇴는 먼 미래의 일일 것이다. 실제로 비관론이 팽배하고 시장 가격이 하락할 때 매도를 하거나 정기적인 투자를 중단하는 건 최악의 선택이다. 주식을 매수해야 할 시점은 가격이 저렴할 때이기 때문이다.

투자는 자녀를 키우는 일과 같다. 아이들이 훌륭한 성인으로 자라나려면 여러 가지 '흥미로운' 단계를 거쳐야 한다. 육아 경험이 쌓인 부모들은 하루하루 벌어지는 극적인 소동이 아니라 장기적인 성장에 집중해야 한다는 사실을 알고 있다. 투자도 마찬가지다. 미스터 마켓이 당신을 과도한 기쁨이나 좌절에 빠뜨리도록 허락하지 마라. 날씨가 정말 최악일 때 그러하듯이 '이것 또한 지나가리라'라는 오랜 격언을 명심하자.

자신이 사는 지역에서 1만 킬로미터나 떨어진 곳의 날씨가 춥든 비가 오든 따뜻하고 햇살이 비추든 여러분은 상관하지 않는다. 본인이 사는 지역의 날씨가 아니기 때문이다. 은퇴가 다가올 때까지는 그런 냉철함을 은퇴 자금 계획에도 적용해야 한다. 60세가 되더라도 당신은 25년 이상을 더 살 것이고, 배우자는 당신보다 몇 년 더 살 가능성이 높다.

시점 선택의 불이익

시점 선택의 불이익timing penalty이 정말 큰 차이를 만들어 낼까? 예외 없이 그렇다. 미국의 전체 주식시장은 장기간에 걸쳐 약 9.5%의 평균 수익률을 제공해 왔다. 그러나 그 수익률은 투자자가 그 기간의 시작점에 매입한 주식을 끝까지 보유해야 가능한 것이다. 실제로 일반적인 투자자가 벌어들이는 수익률은 약 2% 포인트(평균 수익률의 약 4분의 1)이상 낮은데, 이는 돈이 최고점 근처에서 들어오고 최저점 근처에서 빠져나가는 경향이 있기 때문이다.[†]

　시점 선택의 불이익 외에도 종목 선택의 불이익이 있다. 지난 1999년 말과 2000년 초반에 주식형 펀드로 자금이 몰렸을 때, 상당한 돈이 첨단 기술과 인터넷 주식에 투자한 위험성 높은 성장

[†]　일리아 디체프Ilia D. Dichev, 《주식 투자자들의 역사적인 수익률은 실제로 어땠을까?What Are Stock Investors' Actual Historical Returns?》, American Economic Review 97 (March 2007): 386~401.

형 펀드로 향했다. 낮은 수익률과 높은 배당률의 주식을 보유했던 재미없는 '가치형' 펀드는 대규모 인출을 경험했다. 이어진 약세장 동안 가치형 펀드는 잘 버텨 냈지만 성장형 펀드는 큰 폭의 가격 하락을 겪었다. 투자자들의 실제 수익률과 전체 시장 수익률의 격차가 앞서 인용한 2%포인트보다 더 큰 것은 이런 이유 때문이다.

다행히 희망은 있다. 미스터 마켓은 우리가 허술해야만 우리를 망칠 수 있다. 그렇기 때문에 우리는 미스터 마켓에게 기만당하거나 사기에 걸려드는 게 사실은 우리 자신의 잘못이라는 것을 깨달아야 한다. 어린 시절 밖에 나가 놀기 전에 어머니가 강조하셨듯 우리가 허술할 때 나쁜 사람들이 달려들어 놀리고 모욕과 상처를 준다.

투자자로서 여러분이 악마 같은 미스터 마켓에게 괴롭힘당하는 것을 막을 강력한 방법을 하나 제안한다. 바로 그를 무시하는 것이다. 뒤쪽에 우리가 제시하는 저비용 인덱스 펀드를 매입해서 꾸준히 보유하라는 말이다.

또 다른 실수

심리학자들은 그렇지 않은 상황에서도 사람들이 스스로 상황을 통제하고 있다고 착각하는 경향이 있음을 확인했다. 이런 착각은 투자자들에게 포트폴리오에서 손실이 난 주식을 과대평가하도록 작용할 수 있다. 또한 존재하지도 않는 방향성이 존재한다고 상상하게 만들거나 주식 차트에서 패턴을 발견했다며 자신이 미래를 예측한다고 믿게 만들 수도 있다. 주식 차트는 점성술과 비슷하다. 주가 변동은 '임의적인 행보'에 가깝기 때문에 과거의 방향성을 보고 향후 주식 가격의 움직임을 예측할 수 있는, 신뢰할 만한 방법 같은 건 존재하지 않는다.

'계절'에 따라 증시 방향을 예측할 수 있다는 얘기도 마찬가지다. 계절 패턴이 과거 수십 년 동안 존재한 것으로 알고 있겠지만, 사실은 그렇지 않다. 크리스마스와 신년 초 사이에 주식시장에 나타나는 산타 랠리Santa Claus rally의 존재를 모두가 안다면, 그 '패턴'은 허공으로 날아가 버려야 한다. 방향이 예측되니 투자자들은 이익을 얻기 위해 크리스마스 하루 전날 주식을 사들이고 연말 하루 전날 팔아 버릴 게 빤하지 않은가. 그러나 그렇게 되면 다른 투자자들은 더욱 일찍 서둘러서 크리스마스 이틀 전에 매수하고 연말 이틀 전에 매도할 것이다. 결국 모든 주식 매입은 크리스마스 훨씬 전에 이루어질 것이고 모든 매각은 크리스마스 즈음에서 이루어질 것이다.

따라서 누군가가 분명한 주식시장 '패턴'이란 것을 발견했다 하더라도 그것은 지속될 수가 없다. 주변에 그 패턴을 이용하려는 사람들이 존재하는 한 말이다.

또한 심리학자들은 투자자들이 수익에 기뻐하는 것보다 손실에 훨씬 더 괴로워한다는 사실을 확인했다. 그래서 사람들은 현금이 필요할 경우 승자(가격이 오른 주식)를 팔고 패자(가격이 떨어진 주식)를 보유하게 된다. 왜냐하면 자신들이 실수를 저질렀다는 걸 인정하고 싶지 않기 때문이다.

명심하자. 승자를 판다는 건 자본 이익에 따라 세금을 낸다는 것을 의미하고 패자를 판다는 건 세금 공제를 받을 수 있음을 뜻한다. 그러므로 팔려면 패자를 팔아야 한다. 그래야 세금 부담 대신에 세금 공제를 받게 된다.

비용 최소화

투자 수익을 확실하게 증가시킬 수 있는 한 가지 비결이 있다. 투자 비용을 최소화하는 것이다. 우리는 평생 어떤 뮤추얼 펀드매니저가 최고의 실적을 내는지 알아내기 위해 끊임없이 고민했다. 결국 우리가 내린 결론은 '그런 일은 과거에도 불가능했고 앞으로도 불가능할 것이다'였다.

과거의 실적은 미래의 수익률을 예측할 수 있는 좋은 나침반이 될 수 없다. 투자 성과에서 예측할 수 있는 것은 펀드매니저가 부과하는 수수료뿐이다. 투자 자문료를 많이 낼수록 투자 수익률은 낮아진다. 우리의 친구 잭 보글Jack Bogle(뱅가드 그룹의 창업자 존 보글John Bogle의 별칭)은 이렇게 말하길 좋아한다. "투자에서는 돈을 안 내는 게 돈을 버는 거야."

다음의 간단한 표를 통해 이 사실을 확인해 보자. 우리는 10년 이상 모든 주식형 펀드를 살펴보고 투자자들을 위해 산출된 수익률과 부과된 모든 비용 그리고 포트폴리오 회전율에 따르는 비용(포트폴리오에 있는 종목을 사고파는 비용)을 측정했다. 그런 다음

▌주식형 펀드의 비용 및 수익률

	2001년 6월 30일부터 2018년 6월 30일까지의 연간 수익률	총 비용 비율	연간 포트폴리오 회전율
최저비용 펀드	10.29%	0.41%	39.46%
저비용 펀드	9.63%	0.97%	50.88%
고비용 펀드	9.25%	1.18%	58.82%
최고비용 펀드	8.85%	1.59%	89.17%

(출처: 리퍼, 보글금융시장연구소Bogle Financial Research Center)

펀드를 네 종류로 나누어 각각의 평균 수익률과 평균 비용을 계산했고, 가장 낮은 비용의 펀드가 최고의 수익을 냈다는 결과를 얻었다.

최고의 실적을 내는 펀드를 보유하고 싶다면 저렴한 비용의 펀드를 구입하라. 물론 대표적인 저비용 펀드는 이 책에서 우리가 내내 추천하고 있는 광범위한 인덱스 펀드다. 포트폴리오 회전율이 높은 펀드가 세금 효율성이 떨어지는 경향이 있다는 걸 인지하고 세후 수익After-tax returns을 계산해 보면 우리의 결론이 훨씬 더 설득력 있게 들릴 것이다.

**투자 수익을 확실하게
증가시킬 수 있는
한 가지 비결이 있다.
투자 비용을
최소화하는 것이다.**

비용을 최소화하기 위해 여러분은 증권 중개인도 조심해야 한다. 중개인의 관점에서 우선순위는 한 가지뿐이다. 그들 자신에게 바람직한 수익을 내는 것. 그 때문에 그들은 자신의 방식대로 일을 처리한다. 증권 중개인의 진짜 목표는 고객을 위해 돈을 버는 것이 아니라 고객을 통해 자신의 수입을 얻는 것이다. 물론 중개인들은 상냥하고 친절한 태도를 지녔다. 그래야 더 많은 영업을 성공시킬 수 있기 때문이다. 하지만 혼동하지 말자. 중개인은 중개인일 뿐이다.

평균적으로 증권 중개인 한 명이 약 4000만 달러의 투자금을 관리하고 75명의 고객을 상대한다. (여러분에게 얼마나 많은 친구가 있는지 그리고 우정을 쌓아 가는 데 얼마나 긴 시간이 걸리는지 잠시 생각해 보자.) 증권 중개인은 회사와 맺은 계약에 따라 고객이 지불하는 수수료의 약 40%를 챙긴다. 만약 그가 10만 달러의 수입을 원한다면 고객들에게 25만 달러의 수수료를 받아 내야 한다. 이제 계산할 차례다. 만약 중개인이 20만 달러를 챙기려면 얼마를 벌어야 할까? 그는 당신과 다른 고객들로부터 50만 달러를 거둬들여야 한다. 당신의 돈이 당신 주머니에서 그의 주머니로 흘러가는 것이다. 증권 중개인과 '친구'가 되는 일에는 이렇게나 비싼 비용이 들어간다. 미스터 마켓과 똑같이 중개인에게도 우선순위가 한 가지 더 있다. 바로 당신이 행동을 취하도록 만드는 것이다. 그것이 어떤 행동이든 말이다.

우리는 당신이 '포커 게임' 같은 행동을 하지 않았으면 한다. 포커 게임에서 카드를 고르고 버리는 것처럼 이 주식에서 저 주식으로, 이쪽 펀드에서 저쪽 펀드로 갈아타면서 수수료 비용을 증가시키지 마라. (아마 세금 고지서에도 금액이 추가될 것이다.) 사실 우리는 개인 투자자들이 개별 주식을 사거나 적극적으로 운용되는 특정한 뮤추얼 펀드를 선택하는 것을 시도조차 해서는 안 된다고 생각한다. 저비용의 광범위한 인덱스 펀드를 매입해서 보유해야 지불 비용이 낮아지기 때문에 평균 이상의 수익률을 거둘 가능성이 높아진다.

V

KEEP
IT SIMPLE

당신에게 적합한
부의 설계도를 찾아라

20세기 가장 위대한 물리학자인 알베르트 아인슈타인은 우주의 복잡한 비밀을 풀어내려는 노력 속에서 중요한 격언 하나를 남겼다. '모든 것을 더 단순하게 만들 수 없을 때까지 최대한 단순하게 만들어야 한다.' 우리는 그 말에 전적으로 동의한다.

언론에서 현대의 금융이 얼마나 복잡한지 떠들어 대는 탓에 실제 투자 세계 또한 무서우리만큼 복잡해 보이곤 한다. 그러나 장사꾼들이 자신의 이익을 챙기는 데 유리한 상품을 투자자들에게 팔기 위해서 펼치는 온갖 복잡한 기교 속에서도 여러분은 단순한 원칙을 지킴으로써 투자에 성공할 수 있다.

이 장에서는 여러분의 안전한 투자를 위해 매우 간단하고, 이해하기 수월하며, 실천하기 쉬운 몇 가지 원칙을 제시할 것이다.

KISS 포트폴리오는
적어도 90%의 개인 투자자들에게 적합하다.

예외적으로 복잡한 재정 상황에 처한 몇몇 사람을 제외한 대부분의 투자자에게 여기서 제시하는 원칙은 큰 도움이 될 것이다. 또한 우리가 제시하는 포트폴리오는 최소 90%의 개인 투자자들에게 '적합'할 것이다. 단, 특정 개인에게 영향을 미칠 수 있는 이례적인 상황에 대한 세부 사항들은 (의도적으로) 배제했다.[†]

먼저 성공적인 장기 투자를 위한 간단한 원칙부터 다시 한 번 정리하고 넘어가자. 그런 다음 우리는 당신과 당신이 사랑하는

[†] 당신의 재정 상황 혹은 세금 상황이 특히 복잡하다면 세무사나 금융 전문가의 조언을 구하라. 당신은 '유료로만' 일하는 투자 상담사를 만나 보는 게 더 나을 것이다. 당신에게 적합한 투자 상품을 팔아서 수수료를 받는 투자 상담사들은 (상당한 수수료를 챙길 수 있는) 고비용 금융 상품을 추천할 가능성이 높다.

사람을 위해 KISSKeep It Simple, Sweetheart† 포트폴리오를 제시할 것이다. 아래의 원칙과 우리가 추천하는 포트폴리오에는 모든 투자자에게 필요한 최고의 조언이 담겨 있다.

기본 원칙 정리

아래의 기본 원칙들은 대부분 이미 앞 장에서 살펴본 것들이지만, 매우 중요하므로 다시 한 번 간단하게 짚고 넘어가자.

1. 일찍 그리고 규칙적으로 저축하라

충분한 자금을 모아서 걱정 없는 노후를 준비하기 위해 가장 중요한 첫 번째 단계는 일찍 저축을 시작하고 꾸준히 저축하는 것이다. 당신과 당신의 가족이 부자가 되는 손쉬운 길은 없다. 부자

---

† 직역하면 "여보, 쉽고 단순하게 투자하세요." KISS 투자는 원칙을 지키는 단순하고 달콤한 투자를 의미함. – 옮긴이

가 되는 비결은 비결이 없다는 사실을 빨리 깨닫는 것이다. 많은 재산을 상속받거나 억만장자와 결혼하거나 복권에 당첨되지 않는 한, 부자가 되는 유일한 방법은 천천히 자산을 늘려 나가는 것뿐이다. 일찍 저축을 시작하고 가능한 한 오랫동안 저축에 힘써라.

2. 고용주와 정부의 도움을 받아 저축액을 최대한 늘려라

우리는 많은 사람이 직장에서 제공하는 은퇴 자금 계획을 충분히 활용하지 않는다는 사실에 놀라움과 안타까움을 느끼곤 한다. 심지어 고용주가 직원이 납입해야 하는 모든 자금을 지원하는 경우에도 퇴직 연금이나 연금저축 계좌에 가입하지 않는 어리석은 사람들이 꽤 있다. 정부 역시 많은 지원을 제공하고 있다는 사실을 기억하자. 미국 세법에서는 여러분이 은퇴한 후 노후 생활을 즐기기 위해서 필요한 돈을 인출할 때, 그러니까 지금으로부터 수십 년 후에 해당 납입금에 대해서 세금을 부과하고 있다.

3. 비상 자금을 따로 관리하라

불의의 사고는 언제라도 발생할 수 있다. 우리는 살아가는 과정에서 발생하는 '충격적 비용을 감당해야 하는 상황'에 대비하기 위해서 비상 자금이 필요하다. 이런 자금은 원금의 안전과 유동성 보장이 가장 중요하므로 안정적인 단기 금융 상품에 투자해야 한다. 비상 자금의 규모는 각자 사정에 달려 있지만, 금융 전문가들은 은퇴 후 더 이상 현금 소득을 올리지 못할 경우를 대비해 최소한 6개월 이상의 생활비를 모아 두라고 권고한다. 코로나19 바이러스는 훨씬 더 많은 액수의 비상 자금이 필요한 상황도 발생할 수 있음을 보여 주었다. 고수익을 올리기 위해 무리하게 위험을 감수하는 것은 금물이며, 모든 금융 상품에는 적절한 수준으로 투자해 비용을 최소화해야 한다. 여러분이 투자 서비스 제공자에게 지불하는 비용이 높을수록 돌아오는 수익이 줄어든다는 것은 우리가 절대적으로 확신하는 투자 원칙이다.

비상 자금은 정부가 보증하는 은행 예금이나 안전한 MMF 상품Money Market Fund(단기 금융시장 펀드)에 투자하는 것이 바람직하다. 예금의 경우 인터넷 은행들이 가장 높은 금리를 제시하는 경우가 많은데, 은행 예금이나 양도성 예금 증서Certificate of Deposit, CD에 넣어둘 때도 연방예금보험공사Federal Deposit Insurance Corporation, FDIC가 보증하는 것인지 반드시 확인하자. MMF는 원금 보장이 되지 않지만 금리가 높은 경우가 많고 무료 수표 발행 (액면가 250달러 이상)이라는 이점이 있다. 이런 MMF는 일반적으

▌ 추천할 만한 저비용 MMF (2018년 데이터)

펀드 명칭	약칭	비용 비율	비용 차감 후 수익률
Vanguard Prime Money Market www.vanguard.com; 800-662-7447	VMMXX	0.16%	2.15%
Vanguard Admiral Treasury Money Market Fund www.vanguard.com; 800-662-7447	VMRXX	0.10%	2.19%
Vanguard Tax-Exempt Money Market www.vanguard.com; 800-662-7447	VMSXX	0.15%	1.48%
Fidelity Money Market www.fi delity.com; 800-343-3548	SPRXX	0.42%	1.85%
Fidelity Government Cash Reserves www.fi delity.com; 800-343-3548	FDRXY	0.38%	1.75%
Fidelity Tax-Free Money Market Fund www.fi delity.com; 800-343-3548	FMOXX	0.45%	1.17%

로 은행으로부터 대규모의 양도성 예금 증서를 매입하거나 주요 기업들의 단기 채권을 매입한다. 확실한 안전을 원한다면 왼쪽에 제시해 놓은 미국 정부가 보증하는 채권에만 투자하는 MMF를 매입하면 된다. (이런 펀드를 '정부' 또는 '재무부' MMF라고 한다.)

왼쪽 목록에는 비과세 MMF도 포함되어 있다. 이러한 단기 금융시장 펀드는 주 정부와 지방자치단체의 채권에 투자하며, 이 펀드들이 지불하는 이자는 연방세가 면제된다. 또한 여러분이 거주하는 지역에서 세금이 면제되는 MMF가 있는지 여부도 확인할 수 있다. 이러한 단기 금융시장 펀드를 활용하면 연방 소득세뿐 아니라 주 소득세도 피할 수 있다.

4. 꼭 필요한 보험에만 가입하라

당신이 만약 가족의 가장이고 배우자와 자녀를 부양하고 있다면 생명보험과 장기 장애보험이 필요하다. 하지만 보험에 가입할 때도 KISS 원칙을 기억해야 한다. 고비용 투자 프로그램과 생명보험을 결합한 '종신' 보험이 아니라 간편하고 비용이 저렴한 생명보험에 가입하라. 장애보험의 주된 원가 동인은 몇 달 동안 일을 할 수 없을 때 잃게 되는 소득에 대한 보장이다. 비용을 실질적으로 줄이기 위해 심각하지 않은 위험에 대해서는 자신의 힘으로 대처하는 쪽으로 결정을 내리자. 여러분에게 정말로 필요한 보장은 몇 년 동안 일을 할 수 없는 심각한 상황에 대비하는 것이다. 큰 손실에 대해서만 보험에 드는 걸 고려하라.

여러분이 매입하는 모든 금융 상품과 마찬가지로 보험도 이것저것 꼼꼼히 따져 보고 결정하라. 가장 중요한 원칙은 보험 서비스 제공자에게 더 많은 비용을 지불할수록 여러분의 몫이 더 줄어든다는 것이다.

5. 분산 투자는 불안감을 감소시킨다

분산 투자는 투자의 위험을 감소시킨다. 이것이 몇 종류의 주식만 보유하는 게 아니라 광범위하게 분산된 포트폴리오를 보유해야 하는 이유다. 미국 주식만이 아니라 중국, 브라질, 인도 등 급성장하는 해외 신흥 시장의 주식도 보유해야 한다. 주식에 더해 채권도 보유할 필요가 있다. 전 세계 증시가 동반 하락했던 금융 위기에도 광범위한 분산 투자는 대체적으로 단기 리스크와 장기

리스크를 모두 감소시켰다.

6. 모든 신용카드 부채를 반드시 피하라

투자에 절대적인 규칙이란 거의 없지만, 신용카드 빚을 피해야 한다는 원칙만은 절대적이다. 18%, 20%, 22%의 신용카드 이자를 지불할 경우 자산 증식 게임에서 이길 방법이 없다. 만약 신용카드 대출을 이용하고 있다면 여러분이 할 수 있는 가장 수익성 있는 투자는 신용카드 빚부터 갚는 것이다. 먼저 거기에 노력을 집중하라.

7. 미스터 마켓의
단기적인 유혹과 분노를 무시하라

투자자들이 저지르는 가장 큰 실수는 감정에 지배당하고 군중 심리에 휩쓸리는 것이다. 투자자들은 특히 지나치게 낙관적이거나 비관적인 시기에 미스터 마켓의 유혹과 집단을 따르는 너무나 인간적인 편향에 근거해 매매 결정을 내린다. 그럼으로써 자기 자신에게 상당한 고통과 손실을 안겨 준다. 주변 사람들이 모두 정신을 못 차리고 있을 때 그냥 제자리에서 아무것도 하지 마라. 장기적인 안목과 집중력을 유지하라.

8. 저비용 인덱스 펀드를 활용하라

주식의 시장 가격을 결정하는 건 활동적이고 전문적인 투자자들이고 그들이 가진 모든 지식의 총합을 아는 사람은 아무도 없다. 2000년 초반의 첨단 기술 주식과 인터넷 주식 광풍 같은 어이없는 현상에서 볼 수 있듯이 시장은 때때로 실수를 저지른다. 그러나 인터넷 주식 붕괴를 예측했던 수많은 전문가조차 1992년에는 주식시장을 '상당히 과대평가된' 곳이라고 부르며 투자에 적절하지 않다고 경고했다.

시점 선택은 옳을 때도 있고 틀릴 때도 있지만 틀릴 때는 손실이 상당히 크다. 물론 시장은 실수를 할 수 있고, 실제로 실수를 저지른다. 하지만 시장을 능가하려는 시도는 하지 말자. 지난 50년간 미국 주식시장은 개인 투자자들이 지배하는 시장에서 전문 기관 투자자들이 지배하는 시장으로 완전히 탈바꿈했다. 이제는 누구보다 탁월한 실력을 갖추고 부지런한 개인 투자자가 아니라면 개별 주식을 매입해서 시장을 이기겠다는 기대를 하지 말아야 한다.

이 책의 저자 둘은 모두 합쳐 100년 이상 투자 경험을 한 전문 가이며, 최고의 대학원에서 투자를 가르쳤고, 전 세계의 여러 투자 기관에 자문을 해 주고 있다. 그리고 인덱스 펀드에 투자한 것을 만족스럽게 생각한다. 인덱스 펀드는 세금 효율성이 뛰어나고 저비용으로 광범위한 분산화를 제공하기 때문에 대부분의 전문 투자자들도 주식과 채권 포트폴리오의 상당 부분을 인덱스 펀드에 할당한다.

여러분도 장기 투자를 위해 인덱스 펀드를 활용해야 한다. 인덱스 펀드는 지출 비용이 낮고 불필요한 비용과 세금을 내지 않아도 된다. 그래서 꾸준히 보유하기만 하면 평균 이상의 수익을 거둘 수 있다. 이번 장의 뒷부분에서 우리는 여러분이 고려할 수 있는 구체적인 펀드 목록을 제시할 것이다.

9. 잘 알려진 투자 상품에 집중하고 '특수한' 것은 피하라

투자를 할 때 당신은 다음과 같은 세 가지 단순한 카테고리에 집중해야 한다. 첫째는 재화 및 서비스를 생산하는 기업의 소유 지분을 대표하는 보통주. 둘째는 정부, 정부 관련 투자 기관 및 기업의 채권. 셋째는 여러분과 가족이 살아갈 주택을 소유함으로써 취득할 수 있는 부동산이다.

영업 사원들은 헤지펀드, 원자재 상품, 사모펀드, 벤처 캐피털 같은 특수한 것에 투자하는 게 부의 추월차선에 올라타는 길이라는 매혹적인 이야기를 당신에게 늘어 놓을 것이다. 그런 말은 귓등으로 흘려듣자. 물론 그들이 엄청난 수익을 올리고 있다는 솔깃한 뉴스가 때때로 사실이긴 하지만 우리가 자제를 촉구하는 데에는 다음 네 가지의 분명한 이유가 있기 때문이다.

① **특수한 펀드 중에서 가장 실력이 뛰어난 펀드만이 큰 성과를 거둔다.**

② **특수한 펀드의 평균적인 실적은 실망스러우며 아래로 내려갈수록 실적은 매우 초라해진다.**

③ 최고의 성과를 거둔 특수한 펀드는 이미 예약이 꽉 차서 신규 투자자를 받지 않는다.

④ 당신이 투자자로서 분명한 선호도를 아직 결정하지 않았다면 가장 실적이 뛰어난 특수한 펀드에 참여할 수 있는 가능성은 현실적으로 제로다.

자가용 비행기를 소유하고 있고 영화배우들과 친분이 있으며 특수한 펀드에 대해 매우 잘 알고 있는 게 아니라면 여러분은 그런 펀드에 관심 자체를 기울이지 말아야 한다. 그런 펀드는 여러분이나 우리 같은 사람을 위한 것이 아니다. 명심하자. 물론 여러분은 특수한 펀드가 큰 수익을 안겨 줄 거라고 장담하는 펀드매니저를 찾아낼 수 있을 테지만, 그 약속이 실제로 이행될 거라고 꿈도 꿔서는 안 된다.

당신만의 자산 배분이 있다

개인 투자자들에게 적절한 자산 배분은 몇 가지 기준에 따라 달라질 수 있다. 첫 번째 기준은 나이다. 시장의 등락을 견뎌 낼 시

**자신의 성향과
자신이 인생의 어느 시점에
와 있는지를 파악하여
투자와 일치시켜라.**

간이 충분하다면 보통주에 대
규모로 자산을 배분할 수 있다.
은퇴한 사람이라면 채권 비중
을 늘려서 보수적으로 투자하
는 게 현명하다.

두 번째 기준은 여러분의
자금 상황이다. 건강이 좋지
않아서 일을 할 수 없고 생활
비를 충당하기 위해 투자에 의
존하는 싱글맘이라면 주식시장 침체기에 상당한 자산을 잃는 위
험을 감수하고 싶지 않을 것이다. 시장 침체를 견뎌 낼 시간적 여
유도 없고 근로 소득도 없기 때문이다.

세 번째 기준은 당신의 성향이다. 어떤 투자자는 자산의 큰 변
동성을 인내할 수 없고 포트폴리오에서 채권과 현금 보유량을
늘려 가길 원한다. 다른 투자자는 장기적인 성장에 더 관심을 기
울인다. 이처럼 각자 자신에게 맞는 자산 배분 방식을 찾아야 한
다. 신중하게 자신의 성향과 자신이 인생의 어느 시점에 와 있는
지를 파악하여 투자와 일치시켜라.

겨울날에 스키장에 가는 사람들은 대부분 자신에게 적합한 코스에서 자신의 실력 수준에 맞춰 스키를 타면서 즐거운 시간을 보낸다. 인생 전반에서 성공과 즐거움의 비결은 자신의 능력을 알고 그 안에 머무르는 것이다. 마찬가지로 투자에 있어 성공의 열쇠는 자신을 알고 자신의 능력과 성향에 맞게 투자하는 것이다.

30세, 50세, 혹은 80세 투자자 모두에게 적합한 자산 배분이란 없다. 자산의 대부분을 자녀나 손주에게 물려줄 계획인 80세 노인은 30세 청년에게 더 적합한 자산 배분을 원할 수 있다. 그런 계획이라면 증여를 위해서 증여자의 나이가 아니라 수증자의 나이에 맞춰 적절히 배분해야 한다.

투자에 성공하는 열쇠는 아래의 사항을 고려하여 여러분에게 가장 적합한 자산 비율로 투자하는 것이다.

- ☑ 당신의 재무 상황 : 현재와 미래의 자산, 소득 및 저축
- ☑ 당신의 나이
- ☑ 특히 시장 최고점과 시장 최저점에서 드러나는 당신의 감정적 장점 그리고 시장 위험에 대한 당신의 반응
- ☑ 투자에 대한 당신의 지식과 관심

우리가 제시하는 자산 배분 비율은?

이제 세부 사항으로 들어가 볼 차례다. 여러분이 따로 관리하는 비상 자금이 있다고 가정하고, 투자하는 나이에 따른 합리적인 자산 배분 비율을 제시한다. 이러한 배분은 전체 투자자의 90%에게 합리적일 것이다. 개인적인 상황과 투자 능력 그리고 감정적 강점에 따라서 다른 비율의 자산 배분이 더 적합할 수 있지만, 그렇다 하더라도 처음에는 여기서부터 시작해야 한다.

일단 여러분에게 자금적으로 여유가 있다면 주택을 소유하는 걸 추천한다. 주된 이유는 당신의 삶의 질을 높이기 위해서다. 또한 은퇴 자금 계획에 들어 있는 주식과 채권 외에 별도의 자금으로 가족이 거주할 주택을 구입하는 것 역시 일종의 투자라고 할 수 있다.

다음의 표는 자신의 나이와 시장 위험에 대한 반응 정도에 따라 자산 비중을 어떻게 현명하게 변경할 수 있는지를 보여 준다. 첫 번째 표는 말킬이 추천하는 배분 비율인데, 우리는 이러한 비율이 대부분의 투자자에게 합리적이지만 동시에 보수적이라는

▌버턴 말킬의 연령대별 자산 배분 비율 추천

연령대	주식 비율	채권 비율
20~30대	9~100	0~10
40~50대	80~90	10~20
60대	70~80	20~30
70대	60~70	30~40
80대 이상	50~60	40~50

▌찰스 엘리스의 연령대별 자산 배분 비율 추천

연령대	주식 비율	채권 비율
20~30대	100	0
40대	90~100	0 ~ 10
50대	80~90	10~20
60대	75~85	15~25
70대	60~75	20~30
80대 이상	65~70	30~35

것에 동의한다. 엘리스는 해당 비율이 너무 보수적이라는 점을 우려해 금리가 최저 수준인 현재 상황에서 주식 비중을 높이고 시장 변동성에 더 많은 영향을 받는 대안을 그 아래 표에 제시했다.

**우리가 제시하는
자산 배분 비율은
자신의 나이와 시장 위험에
대한 반응 정도에 따라
여러분이 자산 비중을
어떻게 현명하게
변경할 수 있는지를
보여 준다.**

이러한 자산 배분 비율은 우리가 과거에 제시한 것보다 더욱 주식 지향적이다. 그 이유는 이 책이 출간된 시점에 최우량 미국 정부 채권의 수익률이 0에 매우 근접했기 때문이다. 인플레이션이 2%를 밑돌더라도 향후에 금리가 오르고 채권 가격이 하락할 경우 채권 투자자들은 적정 수익률을 달성하지 못하고 자본 손실을 겪게 된다. 포트폴리오에는 비교적 안전한 자산을 보유하는 것이 합리적이지만, 어떤 투자자들은 여기서 추천하는 채권 비율을 215페이지에서 제시하는 대안적 채권 포트폴리오로 대체하기를 원할 수도 있다.

엘리스가 추천하는 포트폴리오 비율은 장기적으로 더 높은 수익률을 목표로 하지만 나쁜 시장 상황이 반복될 것이 확실하기 때문에 단기적인 변동을 견뎌 내는 투자자의 능력에 결정적으로

의존한다. 엘리스는 젊은 사람들 대부분이 그들의 가장 중요한 '지분'인 개인적인 지식 자산과 일에서 얻게 될 미래 수익의 커다란 현재 가치를 중시하지 않는다고 지적한다. 말킬은 우리가 직장을 잃을 수도 있다고 경고한다. 코로나19 바이러스가 퍼지면서 2020년 봄 유례없이 빠른 속도로 감소했던 일자리는 우리의 삶에 불확실성이 얼마나 큰 영향을 미치는지 그 엄청난 위력을 보여 줬다.

엘리스는 실직 상황이 대개는 일시적이라고 말한다. 또한 그는 인플레이션을 감안하면 비록 주택 소유를 수익의 원천으로 삼기는 어렵지만, 일반적으로 투자자의 전체 포트폴리오에 포함시켜야 한다고 믿는다. 더불어 정확히 인식하자면 주택 소유로 인해 발생하는 손익은 주식시장에서 발생하는 손익을 모두 상쇄시킬 수 있으므로, 주택 소유를 투자자의 전체 포트폴리오에 편입시킨다면 시장 변동에 감정적으로 동요하는 일이 줄어들 것이라고 본다.

두 저자는 어떤 것에 투자하든 후회하는 것보다 안전한 것이 낫고 어떤 투자자도 자신이 안정감을 느끼는 자산 배분 비율에서 벗어나 위험을 감수해서는 안 된다는 것에 전적으로 동의한다. 엘리스의 주식 배분은 말킬의 경우와 마찬가지로 인덱스 펀드를 전제로 하는 것이다.

우리는 여러분이 선택하는 포트폴리오 배분이 시장 가치의 큰 변동을 받아들일 수 있는 감정적 능력에 결정적으로 좌우된다는 것을 다시 한번 강조하고 싶다. 심지어 정신과 의사도 여러분에게 적절한 배분을 알려 줄 수 없다. 엘리스가 젊은 저축자들에게 권하는 것처럼 여러분이 보통주 투자에 100% 배분하는 방향으로 가려 한다면 주가가 급격히 하락할 때 은퇴 자금 계획의 자산 가치가 반토막 혹은 반의반 토막까지 축소되는 것을 받아들일 준비가 되어 있어야 한다. 여러분이 그런 변동성을 받아들일 수 있다면 괜찮다. 그러나 프린스턴대학교의 젊은 교수진들과 상담하며 많은 시간을 보낸 말킬은 저축의 가치가 줄어드는 모습을 바라보는 것이 얼마나 힘든지 알고 있으며, 그래서 주식 배분 비율을 더 낮추도록 권하는 경향이 있다.

매년 시장이 요동치는 것을 편안하게 바라보는 젊은 투자자가 있다면 엘리스는 그들에게 자금의 100%를 주식에 투자하라고 제시한다. 엘리스 자신도 심지어 80대 초반까지 계속 그렇게 투자했다. 여러분의 포트폴리오에서 주식 비율을 증가시킴으로써 더 많은 시장 위험을 감수하게 되면 아마도 보다 높은 장기 수익률을 올리는 결과를 가져올 것이다. (또한 잠 못 이루는 밤이 늘어나는 결과도 가져올 수 있다.) 최악의 시장 변동성을 견디면서 살아갈 수 있을지 확신할 수 없다면 추가적인 시장 위험을 감수하지 마라. '잘 버는 것'과 '잘 자는 것' 사이의 선택의 기로에서 여러분의 진정한 성향에 따라 밤에 편안히 잠잘 수 있는 수준까지 주식 비율을 줄여야 한다.

물론 저비용 인덱스 펀드에는 장기적으로 투자해야 한다. 여러분이 주식 투자를 할 때 가장 적합한 선택은 전 세계 주식시장에 연동되는 인덱스 펀드뿐이다. '해외' 주식에 투자하는 것이 불안하다면 미국 전체 주식시장 펀드를 선택하는 것도 괜찮다. 그렇게 하더라도 코카콜라가 수익의 절반 이상을 해외에서 벌어들이기 때문에 사실상 해외 주식에 투자하는 셈이다. 그러나 전 세계 경제 분야와 주식시장 자본에서 미국이 차지하는 비중은 절반에 못 미치므로 우리는 여러분에게 국제적으로 분산된 포트폴리오를 권장한다. 채권에 대해서는 미국 전체 채권시장 인덱스 펀드를 선택하면 된다.

연령이 높아짐에 따라서 앞의 표와 같이 채권 투자 위주로 자산 배분을 변경해야 한다. 퇴직 연금 계좌에서 연간 납입금을 조정하면 이런 변경은 대체로 쉽게 실행할 수 있다. 새로운 자산이 배분하기에 충분하지 않다면, 기존 자산의 일부를 주식에서 채권으로 점진적으로 전환하는 것도 괜찮다.

1년에 한 번 자신에게 적합한 주식 대 채권 비율로 투자 포트폴리오를 재분배해야 한다. 당신이 선호하는 비율이 주식 60%와 채권 40%라고 가정해 보자. 그리고 주식시장의 호황으로 주식 비율이 70%로 올라갔다면 주식 일부를 채권으로 돌려서 60 대 40 균형을 회복하라. 혹은 약세장으로 주식 비율이 50%로 내려갔다면 일부 채권을 매각하고 주식을 더 매수해야 한다. 만약 여러분이 다른 투자도 하고 있다면 퇴직 연금 포트폴리오의 비과세 혜택을 누릴 수 있도록 재분배해서 자본 이익에 따르는 세금을 피할 수 있다.

은퇴 시의 투자

채권은 생활비로 쓸 수 있는 비교적 안정적인 수입원을 제공하기 때문에 우리는 은퇴한 투자자들이 채권에 상당한 자산을 배분했으면 한다. 주식 투자만 하는 사람일지도 인플레이션을 대비하기 위해 물가연동국채Treasury Inflation Protection, TIPS를 전체 채권시장 인덱스 펀드에 포함시키는 게 바람직하다. 물가연동국채가 지급하는 이자는 인플레이션에 따라 증가하기 때문에 은퇴자들은 물가 상승기에 수익 증가를 기대할 수 있다.

중요한 예외 사항도 기억하자. 투자 자산에 손대지 않고도 생활비를 매달 낼 수 있을 정도로 자금상 여유가 있다면 주식에 더 큰 비중을 두는 자산 배분을 선택해도 좋다. 자녀와 손주에게 증여하기를 희망하는 자금은 자신의 나이가 아니라 아이들의 나이에 맞춰서 투자해야 한다.

그러나 대부분의 사람은 은퇴 생활 동안 저축이 줄어들 것이다. 그리고 은퇴 자금의 일부 혹은 전부를 연금에 넣을 것인가 하는 고민을 맞닥뜨리게 된다. 고정 연금은 보험회사와의 계약이다. 처음에 예치하는 금액에 따라 보험회사는 여러분이 살아 있는 동안 일정한 연금을 지급할 것이다. 연금은 한 가지 중요한 장점이 있다. 여러분이 가진 돈을 초과해서 생활하지 않도록 보장해 준다는 점이다. 대부분의 노후 재무 상담사들은 퇴직자들에게 연금에 자금을 예치하라고 권장한다.

하지만 연금 예치가 바람직하지 않은 개인적인 상황도 있다. 당사자가 사망하면 보험회사의 지급은 중단된다. 따라서 건강이 좋지 않다면 연금 계약을 통해 충분한 혜택을 받지 못할 수 있다. 또한 자녀와 손주에게 상당한 자산을 물려줄 만한 능력이 있다면 여러분은 연금에 자금을 예치하고 싶지 않을 것이다. 그리고 고정 연금에는 한 가지 커다란 단점이 있다. 지급 금액이 인플레이션을 상쇄할 만큼 증가하지 않는다는 것이다.

그래서 우리의 'KISS 조언'은 다음과 같다. 은퇴 시기에 진입할 무렵에도 당신이 상당히 건강하다면 (특히 장수 유전자를 이어받았고 건강이 나빠질 요인이 거의 없다면) 고정 수익 투자 금액의 절반을 연금에 예치하라. 그러면 100세까지 살더라도 쪼들리지 않게 생활할 수 있다.

그러나 현명한 소비자가 되어야 한다. 연금은 일반적이고 보편적인 고정 연금에만 가입하라. 물론 인플레이션에 맞춰서 지급액을 조정해 주고 다양한 옵션을 제공하는 연금이 매력적으로 보일 수 있다. 하지만 그런 연금은 높은 비용을 부담해야 하고 보장 내용 또한 파악하기가 어렵다. 꼼꼼하게 비교해서 가입하라. 일반적으로 수수료를 챙기는 게 목표인 영업 사원을 통해 가입하는 것보다 보험회사와 다이렉트로 가입하는 것이 여러분에게 더 좋은 거래가 될 수 있다.

꼼꼼하게 비교하라

이제 여러분이 주식과 채권 투자에 활용할 만한 펀드들을 제시할 것이다. 여기서 추천하는 펀드들은 모두 광범위한 인덱스 펀드고 비용이 매우 낮다.

사실 모든 인덱스 펀드가 똑같은 건 아니다. 여러분이 선택할수 있는 펀드에는 수백 가지가 있다. 어떤 인덱스 펀드는 대기업 주식(이른바 대형주)에 집중한다. S&P500 인덱스 펀드가 딱 그런펀드다. 어떤 인덱스 펀드는 중소기업이나 신기술 기업 혹은 특정 산업 분야나 외국 기업에 집중한다. 또한 매우 안전한 단기 국채에서부터 위험하지만 이자율이 높은 회사채에 이르기까지 다양한 채권 인덱스 펀드가 존재한다. 여러분은 두 가지의 광범위한 인덱스 펀드에 주목할 필요가 있다. 하나는 전 세계 주식시장 펀드고, 다른 하나는 전체 채권시장 펀드다.

우리는 광범위한 인덱스 펀드 중 하나를 선택하기를 권장한다. 유형별로 하나 이상의 펀드를 보유할 필요는 없다. 이 책의 두 저자는 모두 투자회사인 뱅가드 그룹과 오랜 인연을 맺어 왔기 때문에 뱅가드는 따로 추천해 이해충돌을 피하고자 했다.

다음 페이지의 표에 나열된 모든 펀드는 운용 수수료를 포함해 비용 비율이 낮아야 한다는 우리의 기준에 적합하다. 우리가 선호하는 인덱스 펀드는 전 세계에 분산 투자하는 것이다. 세계 증시에서 미국이 차지하는 비중은 약 40%에 불과하다. 오늘날 우리는 일본과 독일 기업이 제조한 자동차를 타고, 프랑스, 호주, 칠레에서 생산한 와인을 마시고, 중국, 베트남, 인도네시아에서 만든 옷을 입는다. 여러분의 주식 포트폴리오도 그와 마찬가지로 세계화되어야 한다. 만약 전 세계 인덱스 펀드에 투자하고 싶지 않다면 주식 포트폴리오의 절반을 미국의 전체 주식시장 인덱스 펀

드에 투자하고 나머지 절반을
국제 주식시장 인덱스 펀드에
투자하기를 권장한다.

**전 세계 주식 인덱스 펀드에
투자하는 것은
한 번의 매입으로
단일 펀드에서 가장 광범위한
분산 효과를 거둘 수 있는
편리한 방법이다.**

또한 우리는 적절한 미국
전체 주식시장 인덱스 펀드
에 대한 추천 목록도 나열했
다. S&P500은 미국에서 거
래되는 전체 주식의 약 70%
로 구성되었는데, 거기서 제
외된 나머지 30%는 중소기
업이다. 하지만 이 30%에 속
하는 수많은 기업은 가장 모험적이며 가장 빠르게 성장할 능력
이 있는 곳들이기도 하다. 우리는 S&P500(대형주 지수) 같은 제한
된 범위의 인기 있는 인덱스 펀드보다는 '전체' 주식시장 인덱스
펀드를 추천한다.

다음 페이지의 표에 열거된 펀드 중 대부분은 여러분에게 적
합할 테지만, 운용 수수료의 차이가 있으므로 반드시 숙지해야
한다.

▌ 추천하는 미국 전체 주식시장 인덱스 펀드 (2018년 데이터)

펀드 명칭	기준 지수	최소 판매 보수	최근 운용 수수료	급여 공제 적용 여부	키오 계획* 적용 여부	401(k), IRA 적용 여부
Fidelity Zero Spartan Total Index www.fidelity.com; 800-343-3548	Dow Jones Total Stock Market	없음	0.00%	가능	가능	가능
Schwab Total Stock Market Index www.schwab.com; 800-435-4000	Dow Jones Total Stock Market	없음	0.03%	가능	가능	가능
Vanguard Total Stock Market Index www.vanguard.com; 800-662-7447	CRSP U.S. Total Market	없음	0.04%	가능	가능	가능

*키오 계획은 자영업자들을 위한 미국의 은퇴 자금 계획이다.

주식시장의 초보 투자자들은 국제적인 펀드를 활용하기 전에 일단 미국 전체 주식시장 펀드로 시작해 보자. P&G에서 코카콜라에 이르기까지 해외에서 사업을 벌이는 다국적 '미국' 회사가 많기 때문에 미국의 전체 주식시장 인덱스 펀드는 실제로 글로벌 분산 투자 효과를 제공한다. 그러나 우리는 투자자들이 미국 주식시장 인덱스 펀드 중 하나와 국제 주식시장 인덱스 펀드를 조합해야 한다고 생각하므로, 오른쪽 표에는 적절한 국제 주식형

▌ 추천하는 국제 주식시장 인덱스 펀드 (2018년 데이터)

펀드 명칭	약칭	최소 판매 보수	최근 운용 수수료	급여 공제 적용 여부	키오 계획 적용 여부	401(k), IRA 적용 여부
Vanguard Total International Stock Index www.vanguard.com; 800-662-7447	VGTSX	없음	0.17%	가능	불가능	불가능
Fidelity Zero International Index www.fidelity.com; 800-343-3548	FZILX	없음	0.00%	가능	가능	가능

펀드 추천 목록을 나열해 놓았다.

한 번의 매입으로 하나의 펀드에 미국과 해외 주식을 모두 포함시킬 수 있다. 이런 펀드를 전 세계 주식 인덱스 펀드Total World Stock Index Fund라고 부른다. 위의 표에 나와 있는 운용 수수료는 앞서 열거한 펀드들보다 약간 높다. 하지만 단일 펀드에서 가장 광범위한 분산 효과를 거둘 수 있는 편리한 방법이다. 또한 (약칭) VT 같은 뱅가드 전 세계 주식시장 ETF도 적합할 것이다.

▌뱅가드 전 세계 주식시장 인덱스 펀드 (2018년 데이터)

펀드 명칭	약칭	최소 판매 보수	최근 운용 수수료	급여 공제 적용 여부	키오 계획 적용 여부	401(k), IRA 적용 여부
Vanguard Total World Stock Index www.vanguard.com; 800-662-7447	VTWSX	없음	0.17%	가능	불가능	가능

▌추천하는 채권 인덱스 펀드 (2018년 데이터)

펀드 명칭	최소 판매 보수	최근 운용 수수료	급여 공제 적용 여부	키오 계획 적용 여부	401(k), IRA 적용 여부
Schwab U.S. Aggregate www.schwab.com; 800-435-4000	없음	0.04%	가능	가능	가능
Vanguard Total Bond Market Index Fund Admiral www.vanguard.com; 800-662-7447	없음	0.05%	가능	불가능	가능
Fidelity US Bond Index www.fidelity.com; 800-343-3548	없음	0.02%	가능	가능	가능

주식만이 아니라 채권도 보유하고 있어야 잘 분산된 포트폴리오라고 할 수 있다. 다시 말하지만 우리는 전체 채권시장 인덱스 펀드가 개인 투자자들이 채권을 보유할 수 있는 가장 효율적인 수단이라고 생각한다. 왼쪽에 투자하기에 적합한 세 가지 채권 인덱스 펀드를 제시했다.

지금까지 나열한 펀드들은 주식시장과 채권시장에 적절하게 배분되어 있다. 목록에 있는 번호로 전화하거나 웹사이트를 방문하면 이 펀드들을 쉽게 매입할 수 있다.

어떤 투자자들에게는 ETF가 유용한 투자 수단이 될 것이다. ETF는 대부분 인덱스 펀드에 기반을 두고 있으며 개별 주식처럼 거래된다. 가장 인기 있는 ETF는 나스닥100 지수를 추종하는 QQQQ[†](혹은 '큐브cube'라고 부른다)와 S&P500 지수를 추종하는 스파이더Spyders, SPY가 있다. 이러한 ETF는 우리가 원하는 것만큼 광범위하진 않지만, 다행히도 요즘에는 미국과 세계의 전체 주식

---

† 2020년 1월 기준, 나스닥100 지수를 추종하는 ETF 중 QQQQ는 없으며, 규모가 가장 큰 ETF는 운용 자금이 $325B인 QQQM(Invesco NASDAQ100 ETF)이 있다. 나스닥100 지수의 2배 레버리지 상품으로 QLD(ProShares Ultra QQQ)가 있고, 3배 레버리지 상품으로 TQQQ(ProShares UltraPro QQQ) ETF 등이 있다. – 감수자

▍ 추천하는 ETF(상장 지수 펀드)와 운용 수수료(2020년 기준)

	약칭	운용 수수료
미국 전체 주식시장		
iShares Russell3000	IWV	0.20%
Vanguard Total Stock Market	VTI	0.03%
미국을 제외한 전 세계 주식시장		
Vanguard FTSE All World	VEU	0.08%
SPDR MSCI ACWI	CWI	0.30%
미국을 포함한 전 세계 주식시장		
Vanguard Total World	VT	0.08%
iShares MSCI ACWI	ACWI	0.32%
미국 전체 채권시장		
Vanguard Total Bond Market	BND	0.03%
iShares Core Aggregate	AGG	0.04%

(출처: 스탠더드 앤드 푸어스, SPIVA U.S. Scorecard, 2020년 5월)

시장 지수를 추종하는 새로운 ETF가 출시되고 있다.

　왼쪽 표에 우리가 추천하는 ETF를 나열해 놓았다. ETF는 운용 수수료가 상당히 낮은 편이며 비과세로 보유 주식을 매각할 수 있기 때문에 펀드보다 세금 효율성이 높다. 따라서 과세 대상 투자자들에게 장점이 될 수 있다. 그러나 ETF를 매입할 때는 중개 수수료가 부과되며 작은 규모 혹은 중간 규모를 매입할 때는 다른 장점들을 압도할 만큼 많은 중개 수수료를 지불해야 할 수도 있다. 인덱스 뮤추얼 펀드는 일반적으로 매입 수수료가 없지만 (예를 들어 IRA 같은 확정된 은퇴 자금 계획을 연장할 때) 상당한 규모로 투자할 예정이라면 ETF가 최적의 선택이다.

　뱅가드 전 세계 ETFVanguard Total World ETF(약칭 VT)는 국내외 시장을 포괄하므로 한 번의 매입으로 여러분에게 필요한 모든 분산 투자 효과를 제공할 것이다.

VI

TIMELESS LESSONS FOR TROUBLED TIMES

혼돈의 시장에서도 변치 않는 승리의 법칙

2000년대가 시작된 후 투자자들은 전례 없이 시장 변동성을 보이는 가혹한 경제 시대를 살아왔다. 2000년대 첫 10년이 끝날 무렵에는 금융 시스템이 스스로 붕괴할 가능성이 높고 자본주의가 역행하는 게 아니냐는 관측도 나왔다. 과거 좋았던 시기를 지칭하는 '대안정기Great Moderation' 대신에 비틀거리는 경제는 1930년대의 대공황과 비견되곤 했다. 유럽 국가들은 부채 위기를 겪었고 유로존의 생존 가능성 자체가 널리 논의되었다. 주식시장은 가치의 절반을 잃었다. 투자자들은 2000년대 첫 10년 전체를 종종 '잃어버린 10년the lost decade'이라고 불렀다.

그래서 당시 많은 투자자가 주식시장을 쉽게 포기해 버린 건 놀라운 일이 아니었다. 변동성은 사람들에게 너무나 두려운 대상임이 분명했다. 은퇴 자금을 투입하기에 주식시장은 너무 위험하고, 일반 투자자들이 감당하기에는 너무나 불안정한 곳처럼 보였다. 더욱이 일부 전문가들, 특히 잦은 거래로 금전적 이익을 높이는 사람들은 '매수 후 보유하기buy and hold' 전략의 종언을 선언하며 성공적인 투자자가 될 수 있는 유일한 방법은 '시장에 타이밍을 맞추는 것'이라고 주장했다. '분산 투자는 죽었다'라는 말도 유행처럼 퍼졌다. 소위 전문가라는 사람들은 '오늘날 주식시장은 너무 밀접한 상관관계를 갖고 있다'라며, 시장이 무너지면 '숨을 곳이 없다'라고 말했다. 이렇게 모순되는 조언들을 들으면 투자자들은 완전히 혼란에 빠질 수밖에 없다.

우리는 그런 주장에 동의하지 않는다. 이 책에서 두 저자가 제시한 시대를 초월한 투자 원칙은 오늘날처럼 변동성이 심각한 시장에서 훨씬 더 효과적이다. 단기적인 변동성은 평균적인 투자자가 수년간 모아 온 은퇴 자금에 실질적인 위협이 되지 않을 뿐더러, 오히려 변동성은 여러분의 친구가 될 수 있다. 절제하면서 꾸준히 저축하는 장기 투자자에게는 실제 수익을 높이는 기회가 될 수 있다는 얘기다. 반면에 시장에 진입하는 시점을 고르는 투자자들은 최악의 시기에 최악의 실수를 저지르는 경우가 다반사다.

시장의 타이밍을 맞추려 하는 사람에게는 대개 자기 자신이 최악의 적이다. 조급해하는 투자자들은 거의 모두 잘못된 선택을 하며, 단기적인 작은 손실을 장기적이고 영구적인 손실로 만들면서 막대한 투자 실패를 초래한다. 시장의 위기 상황에서 이루어지는 수많은 투자자의 행동은 그 어느 때보다도 시장의 타이밍을 맞추려는 시도가 얼마나 어리석은지 일깨워 준다. 우리는 그런 경우를 여러 번 목격했다.

2000년 초 정점을 찍었던 인터넷 버블 시기, 지나치게 낙관적인 투자자들은 저축해 놓은 돈을 인터넷 관련 주식에 모조리 쏟아부었다. 2008년 금융 위기가 최고조에 달하고 세계 증시가 바닥을 치기 직전에 개인 투자자들은 저렴한 가격을 이용하여 주식을 매수하기보다는 어느 때보다 많은 돈을 주식시장에서 빼냈다. 2011년 유럽발 재정 위기에서 비롯된 시장 최저점에서도 비슷한 일이 반복됐다.

우리가 이 책에서 권장하는 분산 투자와 포트폴리오 재분배 전략은 오랜 세월에 걸쳐 효과가 입증된 것으로 투자 위험을 정말로 줄여 주는 전략이다.[†] 시장이 불안정하고 나쁜 조언의 불협화음이 넘쳐나 평범한 개인 투자자들을 혼란스럽게 만들고 있는 지금 같은 시기에는 이러한 시대를 초월한 교훈들이 더욱 중요하다고 생각한다. 그래서 우리는 이 짧은 마지막 장을 추가했다.

변동성
그리고 정액 분할 투자법

주식시장의 변동성은 정기적인 납입금을 통해 오랜 시간에 걸쳐 은퇴 자금을 저축하는 장기 투자자들에게 유리하게 작용할 수 있다. 이러한 투자자들은 세 번째 원칙에서 소개한 정액 분할 투자법을 유익하게 활용할 것이다. 이 간단하고 오랜 시간에 걸쳐 입증된 투자 기법을 소개하면서 우리는 인내심 있는 투자자가 계속해서 상승하는 시장보다 변동성이 큰 시장에서 더 나은 수익을 거둘 수 있다는 사실을 보여 주었다.

---

† 그러나 분산 투자 전략의 수정이 필요하다는 점도 나중에 제시하겠다.

앞 장에서 설명한 이론적인 계산에서 한 걸음 더 나아가 여기서는 10년 또는 그 이상의 기간에 주식이 제자리걸음을 하는 것처럼 보일 때도 일관된 투자 전략을 통해 은퇴 자금을 증식시킬 수 있는 구체적인 상황을 제시하려 한다.

2000년대의 첫 10년은 투자자들에게 역사상 가장 힘든 시기 중 하나였다. 1990년대 후반에 부풀어 오르기 시작한 인터넷 버블이 터지면서 시장은 50%의 하락을 겪었다. 그리고 2008년 세계 금융 위기로 주가가 또다시 약 50%나 하락하면서 투자자들에게 엄청난 손실을 안겨 주었다. 2010년 말 S&P500 지수로 측정한 주가는 21세기가 시작된 2000년 1월보다 사실상 낮았다. 이때의 경험은 주식에 투자했던 수백만 명의 미국인들에게 뼈아픈 상처를 남겼다. 하지만 우리가 제시하는 원칙을 따랐던 투자자들에게도 그 시기가 정말 나쁜 상황이었을까?

다음 예시에서 우리는 한 여성 투자자가 2000년 1월에 투자 프로그램을 시작했다고 가정한다. 당시 시장 가격이 역사적 정점에 있었기 때문에 그의 투자 타이밍은 매우 좋지 않았다. 그러나 초기 투자에서 자금의 절반가량을 잃었는데도 불구하고 그는 '좋은' 시기든 '나쁜' 시기든 매 시점에 꾸준히 투자하는 인내심과

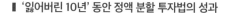

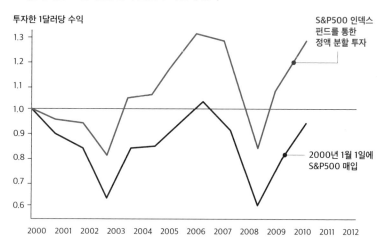

▌ '잃어버린 10년' 동안 정액 분할 투자법의 성과

끈기, 그리고 분명한 목표를 가지고 있었다. 계산을 단순화하기 위해 투자 자금은 연간 1000달러, 투자는 1년에 한 번 1월 첫 거래일에 이루어지고 또한 배당금이 재투자된다고 가정한다. 위의 표는 S&P500 지수의 실제 값을 사용한 결과다.

주목할 만한 결론은, 수많은 주식 투자자에게 재앙이었던 10년 동안에도 정액 분할 투자법을 활용한 예시 속 투자자는 높은 수익을 올렸고 은퇴 자금의 최종 가치 또한 높였다는 것이다. 우리는 주식시장이 앞으로도 상당 기간 심한 단기 변동성을 계속 보이리라고 예상한다. 그러나 장기 투자자들에게 단기 변동성은 성가신 일일지는 몰라도 그리 큰 문제는 아니다. 오히려 기회다. 장기 투자자들은 불가피한 시장의 등락을 넘어 멀리 내다볼 수 있고 또 멀리 내다봐야 한다. 편안한 은퇴 생활을 준비하는 장기 투자자들에게 주된 위험은 주가의 등락을 견뎌 내는 것이 아니라 시장의 변동성에 휩쓸려 정기적인 주식 매수 프로그램을 중단하는 것이다. 정액 분할 투자법은 장기 투자자에게 소중한 친구가 되어 줄 것이다.

분산 투자,
위험을 줄이기 위한 유서 깊은 전략

분산 투자는 위험을 줄이는 유서 깊은 방법이다. 건강이 행복한 삶의 바탕이듯 분산 투자는 성공적인 투자의 기반이다. 기본 개념은 불가피하게 맞닥뜨리게 되는 약세 주식시장 동안 여러분의 포트폴리오에 어느 정도의 안정성을 제공하는 자산 유형을 포함시키는 것이다. 그러나 최근 들어 발생하는 주식시장의 어려운 시기에는 분산 투자마저도 난관에 봉착하고 있다. 시장이 무너져 '숨을 곳'이 없을 때 분산 투자가 정작 효과가 없다고 말하는 '비판론자'들의 주장에는 상당히 일리가 있다. 여러 국가의 주식시장이 훨씬 더 밀접한 상관관계를 맺게 되었고, 세계화로 인해 여러 나라의 증시가 함께 오르내리는 경향이 생기면서 전 세계의 갑작스러운 증시 하락이 더욱더 동조화된 탓이다. 하지만 이러한 주장이 꽤 타당함에도 불구하고 분산 투자는 여러분의 투자 목표를 달성하기 위한 매우 유용한 기법으로 남아 있다. 분산 투자는 여전히 장기 투자자가 가장 중요하게 여겨야 할 투자 기법 중 하나다.

모든 금융자산이 동시에 오르내리지는 않는다. 예를 들어 주가가 하락할 때 채권 가격은 종종 올랐다. 불황이 예상되면 기업 실적의 하락이 전망되므로 주가가 하락할 가능성이 높다. 그러나 일반적으로 금융당국은 금리를 낮춰 불황의 심각성을 줄이려 하기 때문에 금리가 떨어지면 채권 가격이 오른다. 따라서 주가가 급락할 때 종종 채권 가치가 상승하여 여러분의 전체 포트폴리오에 어느 정도의 안정성을 부여한다.

실제로 최근 들어 주식과 채권의 수익률이 정반대 방향으로 움직이는 경향이 나타나고 있다. (이번 장 후반부에서 우리는 채권의 현재 상황에 대해 더 많은 이야기를 할 것이다.)

더욱이 전 세계 주식시장이 거의 일제히 오르내리는 경향이 나타났을 때도 각국 증시의 실적에는 큰 차이가 있었다. 2000년 대의 첫 10년간 선진국과 신흥국 주식시장의 단기 변동은 거의 완벽하게 상관관계가 있었지만, 시장의 장기적인 성과는 크게 달랐다. 선진 시장은 10년 동안 기본적으로 바닥에서 마이너스 수

▍잃어버린 10년 동안 신흥 시장에 분산 투자했을 때의 효과

(출처: MSCI 및 블룸버그)

익률을 기록했으나 신흥 시장은 투자자들에게 복리로 연간 10%
의 평균 수익률을 안겨 주었다.

재분배의 효과

우리는 세 번째 원칙에서 설명한 포트폴리오 재분배라는 시간을
뛰어넘는 교훈이 특히 시장의 변동성이 가장 큰 시기에 그 가치
를 매우 잘 입증했다는 사실을 다시 한 번 강조하고자 한다. 재분
배는 1년에 한 번씩 주기적으로 포트폴리오의 자산 배분을 살펴
본 후 여러분이 안정감을 느끼는 비율로 되돌려 놓는 간단한 것
임을 잊지 말자.

예를 들어 당신이 변동성에 민감한 사람이고 포트폴리오의
50% 이상을 주식으로 보유하지 않는 것(나머지 절반을 채권으로 구
성하는 것)을 선호한다고 가정해 보자. 주가가 오르고 채권 가격이
하락해서 당신의 포트폴리오가 주식 70%, 채권 30%로 되었을
경우 재분배는 일부 주식을 팔고 채권을 사들여서 당신이 원하
는 균형을 회복해야 한다고 알려 주는 나침반이 되어 준다. 그 비

율이 당신이 견뎌 낼 수 있는 위험 수준과 일치하기 때문이다.

204페이지의 도표는 주식 대 채권 포트폴리오를 60 대 40으로 재분배할 때 어떤 장점이 있는지 보여 준다. 매년 포트폴리오를 재분배했을 때 15년간 연간 수익률이 거의 1.5%포인트 증가했으며, 연간 수익률의 안정성도 개선되었다는 점에 주목하자. 여러분은 어떤 마술이 그렇게 많은 수익을 올리게 해 주었는지 궁금할 것이다. 정답은 특별히 성과가 좋은 자산에서 어느 정도 수익을 가져와 더 유리한 거래가 될 다른 자산에 투자한 재분배 덕분이다.

그 기간에 시장에 어떤 일이 일어났는지 살펴보면 포트폴리오 재분배가 왜 그렇게 효과가 좋았는지 분명하게 보인다. 재분배는 매년 1월에 이루어졌다. 2000년 1월 당시 누구도 그해 3월에 인터넷 버블이 터질 거라고 예상하지 못했다. 하지만 여러분은 주식 가격이 시장의 희열 속에서 급격히 상승했고, 금리 상승이 채권 가격의 하락을 유발한다는 사실을 알고 있었다. 1월의 포트폴리오는 여러분이 원하는 60 대 40 비율이 아니라 의도하지 않은 주식 75 대 채권 25 비율에 근접하게 되었다. 그래서 자신에게 적합한 비율로 회복시키기 위해 여러분은 일부 주식을 매도하고 그 돈을 채권에 투자하여 포트폴리오를 재분배했다.

이제 2003년 1월(주식시장이 급격히 하락하고 금리가 떨어져 채권 가격이 오른 이후 상황)을 생각해 보자. 2002년 10월에 주식시장이 바닥을 칠 거라는 사실을 아무도 몰랐지만 여러분은 포트폴리오의 채권 비중이 55%로 늘어나서 목표 배분 비율을 훨씬 상회한다는 사실을 알았다. 그래서 채권을 팔고 주식을 샀다. 2000년대 첫 10년의 마지막 무렵 글로벌 금융 위기가 발생했을 때 포트폴리오 재분배가 다시 여러분을 위해 효과를 발휘했다. 재무부 채권 금리가 거의 0에 가까운 수준으로 떨어졌기 때문에 2009년 1월 포트폴리오는 채권이 부족하고 주식이 과도한 상태가 되었다. 자산 배분 비율을 재분배할 시간이 된 것이다.

포트폴리오 재분배는 당신이 대부분의 투자자들과 정반대로 행동하도록 만들어 준다. 대개 투자자들은 시장이 호황일 때 꼭대기에서 매수하고 세상이 무너지는 것처럼 보일 때 바닥에서 매도하는 경향이 있다. (물론 그래서 시장의 고점과 저점이 만들어지는 것이다.) 포트폴리오 재분배는 그들과 반대로 행동하도록 당신을 이끌어 준다.

분산 투자와
포트폴리오 재분배를 병행하라

말킬은 수년 동안 50대 투자자들에게 채권 33%, 미국 주식 33%, 외국 선진 시장 주식 17%, 신흥 시장 주식 17%로 분산 투자하는 포트폴리오를 제안해 왔다.[†] (이 비율은 대략적인 가이드라인이다.) 투자자들은 저마다 위험을 감당할 수 있는 능력과 위험을 감수하려는 의지가 다르다. 엘리스의 견해에 따르면 출발점은 채권에 20%만 배분하는 것이다. 두 저자가 권장하는 포트폴리오 재분배 전략은 자산을 어떤 비율로 배분하든 다음 페이지의 표에서 나타나는 것처럼 효과를 발휘할 것이다. 분산되지 않은 순수한 미국 국내 주식 포트폴리오와 말킬 포트폴리오의 실적을 비교해서 보여 주는 도표다. 2000년대 '잃어버린' 첫 10년 동안 분산되지 않은 미국 국내 포트폴리오는 기본적으로 제자리걸음을 계속했다. 그러나 매년 재분배된 분산 투자 포트폴리오는 세계

[†] 《랜덤워크 투자 수업》(버턴 말킬, 박세연 옮김, 골든어페어, 2020)을 참조하라.

▎분산 투자와 포트폴리오 재분배의 효과

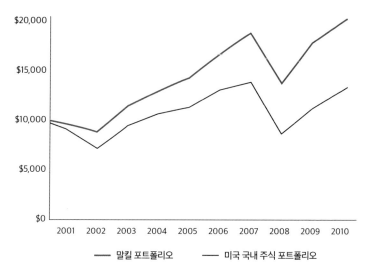

(출처: MSCI 및 블룸버그)

주요 선진국 시장이 매우 저조한 실적을 기록했음에도 불구하고 거의 2배의 가치가 되었다.

최소한 포트폴리오의 핵심만이라도 인덱스 펀드에 투자하라

2000년대 이후 어려워진 시장 환경은 우리에게 두 번째 원칙의 메시지를 다시 한 번 일깨워 준다. 전부는 아니더라도 금융 자산 포트폴리오의 핵심만은 인덱스 펀드에 투자하라는 것 말이다. '시장을 이기는 것Beating the market'은 열심히 노력하고 정보력이 뛰어난 수많은 경쟁자의 컨센서스를 능가하는 것을 의미한다. 시장 참여자들의 변화로 인한 시장의 변화는 특히 총합에서 상당히 크게 나타난다. 지난 50년간 주식 거래량은 하루 200만 주에서 40억 주로 2000배 증가했고, 거래되는 파생 상품(옵션, 스와프 계약 등)의 달러 가치는 0에서 출발해 주식과 채권의 주요 시장을 넘어섰다.

무엇보다 경쟁 우위를 달성하기 위해 집중적으로 일하는 고도로 훈련된 전문가들의 숫자가 전 세계에 기하급수적으로 늘어났다. 세계 주요 투자 기관에서 풍부한 정보와 정통한 기술을 바탕으로 최선을 다하는 전문가가 수십 만 명에 달하며 그들의 경쟁이 엄청나게 늘었기 때문에 전문 투자자든 개인 투자자든 시장 기준을 능가하는 게 더욱더 어려워졌다. 결과적으로 거대한 예측 시장과 같은 오늘닐의 주식시장은 막대한 수의 독립적이고 경험 많고 경쟁력 있는 의사 결정자들로부터 매일 쏟아져 나오는 가치에 대한 전문적인 추정치를 모두 반영한다. 대중적인 상장 주식으로 구성된 분산 투자 포트폴리오 매니저들은 이러한 전문가들의 컨센서스에 맞서면서 상당한 어려움을 겪는다.

부정할 수 없는 광범위한 데이터는 어떤 특정한 펀드매니저가 (부과된 비용, 세금, 수수료를 지급한 후에) 시장을 이기는 영광을 쟁취할 것인지 미리 알아낼 수 있다는 주장에 대해 얼마나 실현 가능성이 없는지를 보여 준다. 물론 시간이 흐르면서 시장을 이긴 펀드매니저가 극소수 등장했지만, 어떤 매니저가 행운의 주인공이 될지 미리 판별하는 믿을 만한 방법을 찾아낸 사람은 단 한 명도 없었다.

장기적인 안목에서 시장을 이기는 것은 점점 더 어려워지고 있다. 아이러니하게도 현재 시장을 지배하고 있는 수많은 전문 투자자의 능력이 너무나 뛰어나기 때문이다! 그리고 그중 어떤 펀드매니저가 시장을 이길 것인지 예측하는 것은 더욱 어렵다.

그런 이유로 전문가들의 집단적 판단을 수용하는 인덱스 펀드가 액티브 운용 펀드의 2/3를 계속해서 능가하고 있으며, 어떤 기간에는 승자로 보이는 1/3마저 그다음 기간에는 저조한 실적을 내고 있다. 게다가 실적이 저조한 매니저들은 승자들에 비해 수익률이 2배나 낮다.

요즘처럼 변동성이 큰 시장에서는 적극적인 운용이 필요하다면서 현재의 관리 수수료가 너무 낮게 책정되어 있다는 비판의 목소리도 종종 들려온다. 그런 말을 믿지 마라. 펀드매니저들이 부과하는 수수료는 지난 50년 동안 급격히 증가했으며 기관 투자자와 개인 투자자 모두에게 4배 이상을 거두어 갔다. 그런데도 투자 성과는 개선되지 않았다.

수수료의 상승세와 시장을 이기는 실적에 대한 하향 전망이 투자자들에게 경고의 깃발을 흔든다면 (물론 분명히 그럴 테지만) 이러한 객관적인 현실이 투자 관리 수수료가 낮다고 믿어 왔던 모든 투자자의 생각을 재고하게 만들 것이다. 제대로 된 관점에서 보면 액티브 매니저의 관리 수수료는 낮지 않다. 아니, 수수료는 그냥 비싼 게 아니라 매우 비싸다.

물론 자산의 백분율로 보면 수수료는 그리 높지 않아 보인다.

개별적으로 자산의 1%를 조금 넘는 수준이다. 그러나 투자자들은 이미 본인 자산을 소유하고 있으므로, 투자 관리 수수료는 매니저가 투자자에게 얻어 줄 수 있는 수익률에 근거해야 한다. 수익률로 정확히 계산해 보면 수수료는 더 이상 낮아 '보이지' 않는다. 계산해 보라. 만약 전체 주식의 평균 수익률이 연 7%라면 그 수수료는 수익률의 1%가 아니라 훨씬 더 높다. 펀드에 투자한 개인에게는 14% 이상이 된다.

그러나 이렇게 다시 계산된 숫자도 시장을 이기는 액티브 투자 펀드의 실제 비용을 현저히 밑돈다. 그 이유는 시장 위험을 증가시키지 않으면서 시장 수익률을 안정적으로 달성하는 광범위한 인덱스 펀드와 ETF를 지금은 예전보다 더 낮은 수수료로 활용할 수 있기 때문이다. 현재는 모든 투자자가 0.05% 정도의 낮은 거래 비용으로 시장 평균 수익률을 거둘 수 있다. 따라서 투자자는 액티브 매니저가 부과하는 수수료를 전체 수익률에서 차지하는 비중이 아니라, 시장 지수를 고려한 위험 조정 수익률risk-adjusted returns 대비 수수료의 비중으로 계산해야 한다.

이렇게 정확히 따져 보면, 액티브 펀드매니저의 관리 수수료는 너무나 높다. 몇 가지 흥미로운 논란거리(일례로 개인 투자자가 포트폴리오 중 50~100%를 직접 종목 교체하여 얻는 단기 수익에는 상당히 큰 세금이 매겨질 수 있다)를 제외하면, 이 수수료는 분명 현저히 높은 것이다. 수수료 증가분은 수익률 증가분의 50%에 그칠 수도 있지만, 시장을 이기지 못하는 대다수 펀드매니저라면 무한대로 치솟을 수도 있다. 그리고 대개는 이 범위의 낮은 쪽보다는 높은 쪽에 더 가깝다. 이처럼 가치 대비 높은 비용을 매기는 서비스가 또 어디 있겠는가?

수수료가 '가장 중요한 것'은 아니지만, 분명히 투자 관리 수수료가 '푼돈'에 가까운 건 아니다. 그리고 투자에 대해 우리가 전적으로 확신할 수 있는 한 가지는 투자 상품의 운용 매니저에게 지불하는 수수료가 높을수록 투자자의 수익이 줄어든다는 점이다. 수수료는 투자자들이 생각하는 것보다 훨씬 더 중요하다. 점점 더 많은 개인과 기관 투자자들이 인덱스 ETF와 인덱스 펀드로 눈을 돌린다는 사실은 놀랍지 않은 현실이다. 둘 중 하나 혹은 두 가지 모두를 경험한 투자자들은 꾸준히 활용도를 높이고 있다.

물론 고액의 수수료와 액티브 운용으로 잘나가는 뮤추얼 펀드 산업에서는 자신들이 최근에 '실적'이 가장 좋은 펀드로 옮긴다는 혜택을 항상 내세울 것이다. 모닝스타가 자사의 별점이 미래 실적을 예측하지 못한다는 사실을 인정했음에도 불구하고 종종 여러분은 모닝스타가 최고 등급으로 평가한 펀드로 갈아타는 게 낫다고 암시하는 광고를 보곤 한다. 차라리 비용 비율을 기준으로 펀드의 순위를 매기는 것이 미래의 수익률에 대한 더 나은 예측이 될 것이다. 실제로 모닝스타가 2000년부터 2011년까지 펀드 투자자들의 행동을 조사한 결과 수익률을 따라다니며 펀드를 갈아타는 과정에서 그들이 수십억 달러의 손실을 본 것을 확인했다. 그들이 광범위한 인덱스 펀드를 매입해서 그저 갖고만 있었더라면 매년 수익률이 2%포인트 가까이 개선됐을 것이다.

채권 분산 투자의 수정 전략

앞에서 우리는 주식시장과 상대적으로 관련이 적은 자산들을 포트폴리오에 포함시켜서 투자 위험을 분산시키라고 투자자들에게 촉구했다. 2000년대 들어 채권은 증시가 하락할 때 특히 좋은 실적을 냄으로써 포트폴리오 수익률에 안정성을 제공하는 뛰어난 분산 투자 수단이 되어 주었다. 그러나 오늘날 채권 수익률은 이례적으로 매우 낮다. 현재의 채권 투자자들은 많은 종류의 채권에 대해 매우 불만족스러운 투자 결과를 경험하는 시대에 살고 있다. 따라서 꾸준한 수익이 필요한 투자자들은 수익을 창출하는 포트폴리오를 어떻게 구성할 것인지 매우 신중하게 고민해야 한다.

불행하게도 앞으로 매우 안전한 고정 수익 상품에 투자하는 저축자들이 심각하게 낮은 수익을 거두는 '금융 억압financial repression' 시대가 장기간 지속될 가능성이 매우 높다. 세계의 선진국들은 과도한 부채로 인해 부담을 느끼고 있으며, 각국 정부는 지출을 억제하는 데 큰 어려움을 겪고 있다. 이 문제에 대해 '덜 고통스럽게' 보이는 정책적 대응은 부채의 실질 부담을 줄이기 위해서 저축자들에게 상당 기간 인플레이션 이하의 수익률을 받아들이라고 강제하는 것이다. 이러한 금융 억압은 채무 재분배의 미묘한 형태로서 보이지 않는 과세의 일종이라고 할 수 있다.

오늘날 10년 만기 미국 재무부 채권의 수익률은 약 0.625%이며(2020년 9월 기준), 이는 인플레이션을 약간 넘는 수익률이다. 향후 10년간 인플레이션이 평균 2~3%에 불과하더라도 투자자들의 실질 수익률은 마이너스가 될 것이다. 그리고 인플레이션이 가속화되면 투자자들의 수익률은 훨씬 더 줄어들 것이다. 게다가 채권 가격마저 떨어져서 투자자들의 손실을 가중시킬 것이다.

우리는 예전에 이런 상황을 경험한 적이 있다. 제2차 세계대전 이후 미국의 부채/GDP 비율은 100%가 넘었다(이는 현재의 수준에 가깝다). 전후 미국 정부의 정책적 대응은 금리를 몇 년 동안 낮은 전시 수준(1940년대 후반 10년 만기 국채 수익률 2.5%)으로 유지한 다음, 1950년대 초반부터 점진적으로 올리는 것이었다. 이 기간 초반에 금리를 인위적으로 낮추었고 금리 인상이 허용되자 채권 보유자들은 자본 손실을 입었다. 1980년대 인플레이션으로 부채/GDP 비율이 약 3분의 1로 줄어든 것은 이 기간에 이중고를 겪었던 채권 보유자들의 희생 덕분이었다.

그 결과 만기를 유지한 채권 보유자들도 이 기간에 거의 플러스가 되지 않은 명목 수익률을 받았고 실질 수익률(인플레이션 이후)은 크게 마이너스였다. 금리가 2배, 다시 한 번 2배로 뛰면서 채권 보유자들은 상당한 자본 손실을 입게 되었다. 현재 우리도 그와 비슷한 상황으로 접어들 수 있으며 그 결과는 채권 보유 투자자들에게 실질적인 손해가 될 것이다.

그렇다면 투자자, 특히 꾸준한 수익을 원하는 은퇴 후 투자자는 어떻게 대응해야 할까? 두 가지 합리적인 전략을 고려해야 한다. 첫 번째는 미국 국채보다 수익률이 높지만, 위험은 중간 정도인 채권을 찾는 것이다. 두 번째는 채권 포트폴리오를 배당형 주식 포트폴리오로 대체하는 전략을 검토하는 것이다.

미국 재무부 장기 채권이 오늘날 투자자들에게 확실한 패자가 될 가능성이 높지만 그렇다고 모든 채권을 '쓰레기'라고 생각해서는 안 된다. '위험 대비 수익률'에서 재무부 채권보다 합리적으로 매력적인 몇몇 종류의 채권이 있다. 그중 한 가지가 비과세 지방채다. 주 정부와 지방자치단체의 재정 문제는 잘 알려져 있으며, 예산이 위태로워지면서 모든 비과세 채권의 위험 대비 수익률이 매우 높아졌다. 안정적이고 증가하는 수입원을 가진 많은 수익 채권이 미국 국채에 비해 상당히 매력적인 수익률로 판매되고 있다. (고수익 비과세 채권으로 분산 투자된 포트폴리오는 폐쇄형 투자회사를 통해 매입할 수 있다. 이 펀드들은 중간 수준의 레버리지를 채택하고 있지만 수익률은 6% 정도다. 앞으로 세율이 높아지면 이들은 더욱 매력적인 투자 대상이 될 것이다.)

미국보다 재정 수지가 훨씬 양호한 국가가 발행하는 채권도 오늘날 매력적인 투자 대상이 될 수 있다. 예를 들어, 호주의 우량 채권 수익률은 높은 한 자릿수에 있다. 호주는 부채/GDP 비율이 낮고(약 40%), 비교적 젊은 인구기 많은 데다 천연자원이 풍부해서 향후 경제 전망이 밝다. 신흥 시장 우량 채권으로 분산 투자된 포트폴리오에 투자할 경우 2020년 미국 국내 수익률보다 훨씬 높은 수익률을 올릴 수 있다.

두 번째 전략은 미국 기업의 채권 포트폴리오를 넉넉한 배당금을 지급하는 주식 포트폴리오로 대체하는 것이다. 미국 기업의 많은 우량 보통주들은 같은 회사가 발행한 채권에 비해 매우 유리한 배당 수익률을 제시하고 있으며 향후 배당금도 꾸준히 상승할 가능성이 있다. 한 가지 예를 들면 AT&T가 있다. AT&T 주식 수익률은 6%에 근접하며, 10년 만기 AT&T 채권 수익률을 크게 상회한다. 그리고 AT&T는 35년간 연평균 5%의 복리로 배당금을 인상해 왔고, 채권 이자 지급은 고정되어 있다. 인플레이션이 가속화되면 그에 따라 AT&T의 수익과 배당금도 증가해서 주식의 위험성이 채권보다 훨씬 낮아질 것이다.

수익을 추구하는 투자자라면 같은 회사의 채권 포트폴리오를 보유하는 것보다 고배당 주식 포트폴리오를 보유하는 것이 더 바람직하다. 다음 표는 표준적인 분산 채권 포트폴리오에서 제시하는 수익률과 예상 인플레이션을 보상하기에 충분한 이자율로 배당금을 지급하는 주식 포트폴리오 그리고 신흥 시장의 채권 포트폴리오를 비교한 것이다.

광범위하게 분산된 '전체 채권시장' 포트폴리오, 표에서 BND로 표시한 상품의 수익률이 2018년 현재 3% 미만이라는 점에 주목하자. 광범위하게 분산된 신흥 시장 채권 50%와 배당금을 지급하는 주식형 펀드 50%로 구성된 대안적 포트폴리오의 수익률은 3.9%에 이른다. 그리고 주식형 펀드의 배당 수익률은 시간이 지날수록 상승할 가능성이 높다.

▌금융 억압 시대의 대안적 채권 포트폴리오

	2020
I. 정기 채권 포트폴리오	
뱅가드 총 채권시장 ETF (BND)	2.5%
II. 대안적 채권 포트폴리오	
신흥 시장 채권 ETF (EMB)	4.5%
뱅가드 지분 소득 펀드 (VEIRX)	3.0%
평균	3.9%

마지막으로 명심해야 할 사항

우리는 앞으로 투자자들에게 더욱더 큰 충격이 가해질 것이고 주식시장의 변동성이 지속될 거라고 확신한다. 현재 '인기 있는' 주식이나 최근 '가장 좋은' 뮤추얼 펀드를 추종하다가 패닉 상태에 빠지고 어려움에 처했을 때 다 매각해 버린다면 패배하는 투자자가 될 것이다. 자신이 통제할 수 있는 요소인 투자 비용을 절감하고 단기적 변동성을 견뎌 내면서 합리적인 장기 투자 프로그램을 지속할 수 있는 용기를 가진 사람들이야말로 결국 승리하는 투자자가 될 것이다.

진정한 장기 투자자들은 다음 네 명의 소중한 친구를 활용함으로써 최상의 결과를 얻을 것이다.

- ☑ 분산 투자
- ☑ 포트폴리오 재분배
- ☑ 정액 분할 투자법
- ☑ 인덱스 펀드

투자에서 성공의 핵심 요소는 인내심과 끈기다. 이러한 마음가짐으로 무장하고 합리적인 장기 투자 프로그램을 실천하는 장기 투자자는 최고의 성공을 거두리라 우리는 믿어 의심치 않는다.

초 간단 요약

단순하게 투자하라

KISS INVESTING

◆

편안하고 걱정 없는 은퇴 생활을 위한 투자 원칙은 정말 간단하지만 절제와 용기가 필요하다.

1. 일찍 저축을 시작하고 꾸준히 저축하라.

2. 회사와 정부가 지원하는 은퇴 자금 계획을 활용하여 저축을 최대한 늘리고 세금을 최소화하라.

3. 저비용 '전체 시장' 인덱스 펀드와 다른 자산 유형에 걸쳐 광범위하게 분산 투자하라.

4. 매년 당신에게 적합한 비율로 자산을 재분배하라.

5. 항로를 유지하고 시장 변동을 무시하라. 그러지 않으면 비용이 많이 드는 심각한 투자 실수로 이어질 가능성이 높다. 장기적인 목표에 집중하라.

KISSKeep It Simple, Sweetheart 투자는 가장 저렴한 비용으로 걱정 없는 노후를 준비할 수 있는 가장 쉬운 투자 방법이다. 키스를 기억하라! 연인Sweetheart 얘기가 나온 김에 덧붙이자면, 아내와 남편에게 투자에 대한 모든 사실을 솔직히 이야기하자. 그리고 투자, 시장, 돈에 대한 견해는 각자 다를 수 있으므로 상대의 생각과 감정을 공유하면서 서로를 이해하고 함께 결정을 내릴 수 있도록 계속해서 노력하라.

추천 도서

투자에 대해 더 자세히 알고 싶은 독자들을 위해 다음과 같은 책을 추천한다.

존 보글John C. Bogle, 황영기 옮김, 《뮤추얼 펀드 상식》, 연암사, 2017.

존 보글, 이은주 옮김, 《모든 주식을 소유하라》, 비즈니스맵, 2019.

조너선 클레멘츠Jonathan Clements, 《25 Myths You've Got to Avoid-If You Want to Manage Your Money Right: The New Rules for Financial Success》, Fireside, 1999.

찰스 엘리스, 《The Index Revolution: Why Investors Should Join It Now》, Wiley, 2016.

찰스 엘리스, 이혜경 옮김, 《패자의 게임에서 승자가 되는 법》, 중앙북스, 2020.

벤저민 그레이엄, 제이슨 츠바이크, 김수진 옮김, 《벤저민 그레이엄의 현명한 투자자》, 국일증권경제연구소, 2016.

버턴 말킬, 박세연 옮김, 《랜덤워크 투자 수업》, 골든어페어, 2020.

데이비드 스웬슨, 《Unconventional Success: A Fundamental Approach to Personal Investment》, The Free Press, 2005.

데이비드 스웬슨, 김경록, 이기홍 옮김, 《포트폴리오 성공 운용》, 미래에셋투자교육연구소, 2010.

앤드루 토비아스Andrew Tobias, 《The Only Investment Guide You'll Ever Need》, Harvest Books, 2005.

제이슨 츠바이크, 김성일 옮김, 《투자의 비밀》, 에이지21, 2021.

감사의 말

탁월한 편집자인 윌리엄 루키셔William S. Rukeyser는 능숙한 실력을 발휘하여 모든 페이지를 간명하게 만들어 주었다. 독자 모두를 대신해 고마움을 전한다.

또 우리는 사랑하는 아내 낸시 와이스 말킬Nancy Weiss Malkiel과 린다 코흐 로리머Linda Koch Lorimer에게도 경의를 표한다. 바네사 모블리Vanessa Mobley, 멕 프리본Meg Freeborn, 빌 팰룬Bill Falloon은 날카로운 질문을 던지고, 다양하고 유용한 제안을 해 주었다. 엘렌 디피포Ellen DiPippo, 캐서린 포틴Catharine Fortin, 위니 지앙Winnie Jiang은 읽기 어려운 우리의 악필을 멋진 활자로 바꿔 주었다.

재정적으로 지원해 준 프린스턴대학교 경제정책 연구센터에 감사드린다.

마지막으로 우리의 학생들, 동료 선생님들, 그리고 투자 일선에 있는 친구들에게 진심 어린 감사의 마음을 전한다. 이분들을 만난 건 우리에게 큰 행운이었다. 피터 번스타인Peter Bernstein, 잭

보글, 워런 버핏, 데이비드 도드David Dodd, 벤 그레이엄, 태드 제
프리Tad Jeffrey, 마티 레보위츠Marty Leibowitz, 제이 라이트Jay Light,
찰리 멍거Charlie Munger, 로저 머레이Roger Murray, 존 네프John Neff,
폴 새뮤얼슨Paul Samuelson, 거스 사우터, 빌 샤프Bill Sharpe, 데이비
드 스웬슨 그리고 짐 버틴Jim Vertin.

해제

한국인을 위한 포트폴리오 소개

◆

김성일

이 책의 두 저자는 소개할 필요가 없을 정도로 능력 있고, 유명한 분들이다. 버턴 말킬은 프린스턴대학교 경제학과 명예교수이며, 베스트셀러 《랜덤워크 투자 수업》의 저자이기도 하다. 찰스 엘리스는 베스트셀러 《패자의 게임에서 승자가 되는 법》 등 14권의 저자이며, 미국 예술과학 아카데미의 회원이다. 다만 이 책은 미국 독자들을 위해 쓰였기 때문에, 한국의 금융 상황과 맞지 않는 부분들이 있고, 설명이 추가로 필요한 곳들도 있다. 독자들의 금융 이해력을 돕기 위해 약간의 설명과 의견을 덧붙이고자 한다. 더불어 저자들의 포트폴리오를 한국 실정에 맞게 개선한 포트폴리오도 제시한다.

첫 번째 원칙 ◆ 돈을 심어서 돈을 벌어라

이 장의 핵심인 '저축'은 아무리 강조해도 지나치지 않는다. 모든 이가 알고 있고, 그중 많은 이가 소액이라도 실천한다. 하지만 다양한 소비 욕구는 저축의 순위를 뒤로 미루게 한다. 저축했던 돈까지 찾아 쓰게 만든다. 강제로 저축할 수밖에 없는 '행동 장치'를 만들어 두는 게 중요하다. 대표적인 강제 저축 행동 장치로 두 가지를 들 수 있다. 하나는 연금에 넣는 것이고, 다른 하나는 대출을 이용해 거주용 주택을 매입한 후 매달 원리금을 상환하는 것이다. 물론 대출 금액은 자신의 수입을 감안하여 적정한 수준으로 받아야 할 것이다.

주택 가격은 100년 이상 인플레이션과 함께 상승했기 때문에 대체로 바람직한 인플레이션 헤지 수단이었다.

책 속 이 문장은 맞는 말이지만 일반인들에게 와닿지 않을 수도 있다. 사람들이 주택 가격을 바라보는 심리는 '100년' 단위가 아니기 때문이다. 사람들은 주택 가격이 몇 달만 하락해도 스트

레스를 받는다. '더 늦게 샀어야 했나.' 물론 가격이 급등해도 비슷한 고민을 한다. '하나 더 샀어야 했나.' 이런 고민을 하는 이유는 주택을 투자 사산으로 생각하기 때문이다. 투자 자산이라면 가격의 등락에 따라 고민이 생길 수밖에 없다.

필자는 생각의 프레임을 다음과 같이 바꿔 보라고 권한다. 주택은 '거주 위험'을 해결하는 수단이라고 말이다. 주택을 사지 않았다면, 거주 위험에 노출됐다고 볼 수 있다. 거주 위험은 말 그대로 거주가 안정적이지 않다는 말이다. 전세에 살고 있다면 전세 가격 상승이 고민거리다. 또한 주택 가격 상승에 따른 소외감, 박탈감 역시 잠 못 들게 하는 위험 요소다. 거주 중인 주택 가격이 하락하면 전세금을 제대로 돌려받지 못하는 '깡통 전세'의 위험을 안게 된다. 월세로 사는 것 역시 이런 거주 위험을 비슷하게 안고 있다.

열심히 모은 돈과 은행에서 대출이 나오는 수준에서의 주택 구입은 여러 '거주 위험'을 해결하는 좋은 방법이다. 대출에 대한 원금과 이자를 매달 갚아 나가는 것 역시 강제 저축 효과가 있다. 10년, 20년이 걸리더라도 대출을 다 갚았을 때는 몇억 원짜리 주택이 남아 있을 테니까 말이다.

은퇴를 연기하게 되면 사회 보장 혜택이 매년 8%씩 늘어나게 된다. 62세에 일찍 은퇴 자금을 인출하는 대신 70.5세까지 인출 시점을 늦추면 사회 보장 연금 혜택은 총 76%까지 크게 늘어난다.

우리 나라의 국민연금 역시 비슷한 제도를 운영하고 있다. 노령 연금이 62세 기본 연금액 100만 원인 경우, 조기 노령 연금을 57세에 신청하면 연금액은 60만 3240원에 불과하다. 59세는 74만 9979원, 61세는 91만 2444원이다. 이에 비해 연금 개시 시점을 늦출수록 월 연금액은 늘어난다. 63세에는 110만 4374원, 65세는 132만 9530원, 67세에는 157만 8144원에 달한다.[†]

이미 은퇴했고 부동산 자산을 소유하고 있다면 주택의 가치에 따라 연금을 받는 '주택 담보 노후 연금'을 선택하는 것도 방법이다.

우리나라도 주택 연금 제도를 시행하고 있다. 주택 연금은 고

[†] 김규동, 〈조기·연기 노령연금의 보험수리적 비교 분석〉, 《KIRI 고령화리뷰》 제31호, 2019, 10~19.

령자가 거주 중인 보유 주택을 담보로 제공하고, 그 대신 매달 연금을 받는 상품이다. 가입자가 사망한 후에 주택금융공사가 부동산을 처분하여 그동안 시급한 연금과 이자를 돌려받는다. 주택 연금 월 수령액은 가입자의 연령대(부부 중 연소자 기준)와 주택 가격 등에 따라 결정된다. 가입 시 나이가 많을수록, 주택 가격이 높을수록 수령액이 높아진다. 주택금융공사 홈페이지에서 주택 연금(월 지급금) 조회 기능을 이용해 받을 수 있는 연금액을 조회할 수 있다. 예를 들어, 5억 원짜리 주택을 보유하고 인출 한도를 설정하지 않은 55세 가입자의 경우 매달 76만 7000원을 연금으로 받을 수 있다. 가입 시 65세라면 125만 4000원이 지급되며, 75세라면 191만 7000원이 지급된다.[†]

---

† 김민정, 〈주택 연금 문턱 낮아진다, 노후에 '하우스푸어' 안 되려면?〉, 《조선일보》, 2020.09.30.

두 번째 원칙 ✦ 모든 주식을 소유하라

ETF는 인덱스 펀드보다 비용 비율이 더 낮은 경우가 많다. (…) ETF 는 비과세로 주식을 현금화할 수 있기 때문에 뮤추얼 펀드보다 세금 면에서 훨씬 더 효율적이다.

한국의 경우 ETF에 대한 과세는 일반 펀드와 동일해 별도의 세금 효율성이 있다고 보긴 어렵다.

그러나 ETF는 IRA나 401(k) 같은 은퇴 자금 계획에 정기적으로 납입 해 투자하는 개인에게는 적합하지 않다. 왜냐하면 납입할 때마다 상당 한 비율로 중개 수수료가 발생하기 때문이다. 반면에 인덱스 펀드는 납입금에 대해서 거래 수수료가 부과되지 않는다.

한국의 경우 연금 계좌의 ETF 거래 수수료는 매우 적거나 무료인 경우가 많다. 국내 모 대형 증권사의 경우 연금저축 계좌의 매매 수수료는 0.014%이며 퇴직 연금 IRP와 신탁형 ISA 계좌의 매매 수수료는 무료다. 연금저축 계좌는 증권 거래 수수료가 발생하지만 포트폴리오에 미치는 영향은 매우 적다. 자산 배분 포트폴리오의 경우 재분배하는 수준의 매매만 일어나기 때문이다. 월 1회 재분배하는 것을 기준으로 연간 회전율은 100%가 안 되는 경우가 많다. 즉 연간 매매 수수료가 투자금의 0.014~0.028% 밖에 안 될 것이다.[†]

이 정도의 매매 수수료는 인덱스 펀드와 ETF의 운용 보수 차이보다 낮은 수준이다. 즉 미국과 달리 한국에서는 증권사 등을 활용한다면 연금 및 절세 계좌는 인덱스 펀드보다 ETF로 운용하는 것이 유리하다. 배당금 재투자 역시 모든 인덱스 펀드가 제공한다고 보기 어렵고, ETF 중에서 배당금이 자동 재투자되는 종류(Total Return 펀드)가 있으니 활용하면 된다.

주식 매매 중독자들을 위해 두 번째 조언을 건넨다. 만약 당신이 또 다른 '구글'이나 넥스트 '워런 버핏'을 찾아내서 시장을 이기려 애쓴다면 그런 시도가 전혀 불가능하다고 주장하지는 않겠다. 당신의 성공 가능성은 적어도 경마장이나 카지노에서 하는 도박보다는 주식시장에서 더 높을 것이고, 개별 주식에 투자하는 것은 무척 재밌는 일일 수도 있다. 그러나 당신의 소중한 은퇴 자금만은 인덱스 펀드에 투자하라고

[†] 김성일, 《마법의 연금 굴리기》, 에이지21, 204.

진심으로 충고하고 싶다.

다행히 한국의 경우 연금 계좌를 통한 개별 주식 투자는 불가능하다.

세 번째 원칙 ◆ 분산하여 리스크를 최소화하라

마지막으로 강조하고 싶은 분산 투자의 원칙은 시간 분산이다. 한 시점에 모든 투자를 실행하지 마라. 만약 그렇게 하면 2000년 초반의 최고점에서 주식시장에 모든 돈을 쏟아부은 사람처럼 불행해질 수 있다. 2000년 초에 모든 것을 시장에 들이부은 투자자는 10년 동안 마이너스 수익률을 경험해야 했다.

이런 시간에 대한 분산 투자를 '분할 매수'라고 부른다. 통상 이렇게 '적립식'으로 자금을 나누어 투입하는 방법을 많은 사람이 권고한다. 하지만 이런 방법은 책에서 말하는 것처럼 '주식'과 같은 특정 자산에 자금을 전부 투입하는 사람들을 위한 조언이다. 자산 배분 포트폴리오로 투자하는 경우에는 적립식으로 자금을 넣을 이유가 크지 않다. 그 이유에 대해 필자의 졸저《마법의 돈 굴리기》일부를 발췌했다.

투자를 할 때 많은 전문가가 '분할 매수'를 권한다. 분할 매수란 총 투자 금액을 나누어서 시간을 분산해 투자하는 것이다. 예를 들면 투자금 500만 원으로 어떤 자산(주식이든 금이든)에 투자할 때 매달 100만 원씩 5개월에 걸쳐 자산을 매수하는 것이다. 이렇게 같은 금액으로 나누어 투자하는 것을 '정액 적립식'이라고 부르기도 한다. 분할 매수 혹은 정액 적립식의 장점으로 '평균 매입 단가 인하 효과cost averaging effect'가 있다고 하는데 이게 무슨 뜻인지 살펴보자.

자산 가격의 움직임은 다양하다. 다양한 움직임에 따라 분할 매수의 효과도 다르다. 자산 가격이 횡보할 경우, 상승할 경우, 하락할 경우로 나누어 여섯 가지 경우의 분할 매수와 일시 매수의 결과를 살펴봤다. 평균 매입 단가 인하 효과란 낮은 가격에 매수하여 매입 단가 평균이 낮아진 것을 말한다. 다른 표현으로 싸게 더 많은 수량을 구매할 수 있었다는 말이다. 총 여섯 가지 사례 중 절반은 분할 매수가 나머지 절반은 일시 매수의 결과가 더 좋았다.

적립식 투자 혹은 분할 매수의 단점은 장기 투자 시에는 그 효과가 별로 없다는 것이다. 위 사례처럼 투자자가 단기간(5개월)만 투자하는 경우라면 그 차이가 확연히 발생한다. 하지만 저렇게 5개월 동안 나누어 구입했어도 6개월부터는 한 덩어리가 되어 버리는 것이다. 5년, 10년 혹은 그 이상의 장기 투자에는 큰 차이가 발생하지 않는다. 그렇다고 1년에 100만 원씩 투자하는 것은 기회 이익의 측면에서 더 손해일 수 있다. 분할 매수(적립식 투자)가 무조건 좋은 전략은 아니다. 자산 배분 투자 전략에서는 자산 재분배를 통한 저가 매수 행위가 반복된다. 따라서 일시 매수를 권한다.[†]

네 번째 원칙 ✦ 그 누구도 아닌 자기 자신을 조심하라

장기적인 투자에 성공하기 위해서는 시장이나 경제 상황보다 훨씬 더

[†] 김성일, 《마법의 돈 굴리기》, 에이지21, 279~285.

중요한 요소가 있다. 바로 당신이다. (…) 수많은 인간이 증명해 왔듯이 성공의 비결은 인내와 끈기, 그리고 실수를 최소화하는 것이다. 운전할 때 가장 중요한 선 치명적인 사고를 일으키지 않는 것이고, 테니스에서 핵심은 공을 받아치는 것이다. 그리고 투자에 있어서 핵심은 인덱스 펀드를 매입하는 것이다. 그것이야말로 너무나 많은 투자자에게 해를 끼치는 실수를 피하고 막대한 비용이 나가는 것을 막는 비결이다.

덧붙일 말 없이 너무 소중한 교훈이다. 투자 성과가 좋지 않았다면 당신이 투자를 잘못했기 때문이다. 시장 탓, 남 탓은 기분을 달래 줄지는 모르겠지만, 잃은 돈을 되돌려 주진 않는다.

다섯 번째 원칙 ◆ 당신에게 적합한
부의 설계도를 찾아라

KISS 포트폴리오는 적어도 90%의 개인 투자자들에게 적합하다.
1. 일찍 그리고 규칙적으로 저축하라.

이 또한 덧붙일 설명이 필요 없는 말이다. 실천하기는 매우 어렵지만 말이다.

2. 고용주와 정부의 도움을 받아 저축액을 최대한 늘려라. 우리는 많은 사람이 직장에서 제공하는 은퇴 자금 계획을 충분히 활용하지 않는 사실에 놀라움과 안타까움을 느끼곤 한다.

이런 현상은 한국 역시 마찬가지다. 우리 정부 역시 다양한 은퇴 준비 제도와 절세 제도를 제공한다. 하지만 '정말' 많은 사람이 이를 활용하지 못하고 있다. 관련 제도는 후반부에 소개하겠다.

3. 비상 자금을 따로 관리하라.

비상 자금은 은퇴 이후만이 아니라, 항상 준비되어 있어야 한다. 갑작스러운 사고나 질병 등으로 일시적으로 일하지 못할 상황을 대비하기 위함이다. 3~6개월 정도의 생활비를 현금성 자산으로 준비해 두는 게 좋다.

4. 꼭 필요한 보험에만 가입하라. 고비용 투자 프로그램과 생명보험을 결합한 '종신' 보험이 아니라 간편하고 비용이 저렴한 생명보험에 가입

하라. (…) 장애보험 비용의 주된 원가 동인은 몇 달 동안 일할 수 없을 때 잃게 되는 소득에 대한 보장이다.

보험은 '건강 위험'을 대비하기 위한 것이다. 국민의 3분의 1이 걸린다는 암 보험과 일상생활의 질병 치료비를 지원해 주는 실비보험 정도는 가입해 두는 게 좋다. 보험료로 나가는 돈은 급여의 5~10% 수준이 적정하다고 알려져 있다. 저축성 보험의 경우 만기 환급금이 있다는 게 매력적으로 보일 수 있지만, 보험 사업비가 지속적으로 나가며 그 금액이 꽤 크므로 매우 주의해야 한다.

5. 분산 투자는 불안감을 감소시킨다.

분산 투자를 해 놓고는 주식이 오를 때 채권 가격이 하락하는 것에 슬퍼하는 이가 많다. 분산한 모든 자산이 늘 수익을 내는 것은 불가능하다. 개별 자산 가격의 등락을 볼 게 아니라, 전체 포트폴리오의 움직임을 봐야 한다. 그래야 불안감이 줄어든다.

6. 모든 신용카드 부채를 반드시 피하라.

신용카드가 무조건 나쁜 것은 아니다. 적정 수준에서 사용하면서 카드 대금을 밀리지 않고 납부한다면 개인 신용 점수가 올라가기도 한다. 하지만 과도한 사용은 절대 금물이다. 특히 카드론은 생각보다 아주 비싼 이자를 내게 되며 신용도를 하락시킬 수 있다. 급하게 돈이 필요하면 은행 대출을 알아보라. 은행 지점에 찾아가지 않아도 된다. 여러 은행에서 스마트폰 앱으로 모바일 서비스를 제공한다. 대출 한도와 대출 금리를 조회하는 데 오래 걸리지 않으니 찾아보면 된다.

7. 미스터 마켓의 단기적인 유혹과 분노를 무시하라.

하필 자기가 투자하는 시점에 시장이 너무 변덕스럽다고 생각하는 초보 투자자가 많다. 하지만 이는 틀린 생각이다. 수백 년 금융 역사에서 시장은 늘 변덕스러웠다. 선진국이나 신흥국처럼 지역을 가리지도 않는다. 시장의 유혹과 분노를 무시하는 좋은 방법 중 하나가 자산 배분 포트폴리오 투자라고 생각한다.

8. 저비용 인덱스 펀드를 활용하라.

더 비용이 낮은 ETF를 활용하라.

9. 잘 알려진 투자 상품에 집중하고 '특수한' 것은 피하라.

국내에도 '특수한' 상품들이 인기를 끌다가 큰 손실을 입힌 사례들이 많다. 최근에 발생한 '독일 국채 금리DLF'나 라임자산 운용의 '무역 금융 펀드'가 대표적인 사례다.

투자하는 나이에 따른 합리적인 자산 배분 비율을 제시한다. 이러한 배분은 전체 투자자의 90%에게 합리적일 것이다. (…) 다른 비율의 자산 배분이 더 적합할 수 있지만, 그렇다 하더라도 처음에는 여기서부터 시작해야 한다.

투자자의 나이에 따라 자산 배분 비율을 결정하는 것은 널리 알려진 방법이다. 하지만 진짜 좋은 방법인지는 의문이다. 그 이유를 필자의 졸저《마법의 돈 굴리기》에서 일부 인용해 보겠다.

주식과 같은 위험 자산과 예금, 채권 같은 안전 자산 간의 배분 비율은 어느 정도가 적당할까? 많이 알려진 방법 중 하나가 투자자의 나이를 이용하는 것이다. 사람의 수명이 100세라 하고, '100 - 나이'만큼을 위험 자산에 투자하라는 것이다. 투자자의 나이가 40세라면 100 - 40=60. 즉 60%의 자산을 위험 자산에 배분하고, 나머지 40%를 안전 자산에 배분하는 것이다. 나이가 들수록 위험 자산 비중이 줄어드는 이 방법은 '젊을 때 실패하더라도 다시 일어날 시간(기회)이 많다'는 논리에 근거한 것이다.

노년에 위험 자산에 투자해 실패하면 다시 일을 하거나 돈을 모으기 어려워 궁핍한 노년을 보낼 수밖에 없다. 단순한 만큼 이해도 쉽다. 하지만 갓 취업한 30세의 투자 경험이 전무한 청년이 자산의 70%를 위험 자산에 투자하는 게 나을까? 아니면 투자 경력 30년인 60세의 은퇴자가 70%를 위험 자산에 투자하는 게 나을까? 아마도 투자 경력이 많고 투자에 많은 시간을 쏟을 수 있는 은퇴자의 위험 자산 투자가 더 나은 결과를 가져오지 않을까?

나이를 기준으로 하는 자산 배분 결정 방법에는 중요한 단점이 있다. 투자자의 투자 성향을 반영할 수 없다는 것이다. 같은 40세의 투자자라 하더라도 공격적인 성향을 갖고 있을 수도, 안

나이대	주식 비율	채권 비율
20~30대	90	10
40~50대	80	20
60대	70	30
70대	60	40
80대 이상	50	50

정적인 성향을 갖고 있을 수도 있다.[†]

이 책의 두 저자가 제시한 나이별 자산 배분 비율은 엇비슷하다. 말킬이 제시한 연령대별 자산 배분 비율을 위와 같이 설정하여 포트폴리오 운영 결과를 백테스트해 보았다.

주식 자산으로 전 세계 주가 지수를 추종하는 '뱅가드 전 세계 주가 지수 펀드Vanguard Total International Stock Index Fund, VGTSX'를 사용하였고, 채권 자산으로는 미국 채권 지수를 추종하는 '뱅가드 전체 채권시장 지수 펀드Vanguard Total Bond Market Index Fund,

---

[†] 김성일, 《마법의 돈 굴리기》, 에이지21, 346~348.

	전 세계 주식	90:10	80:20	70:30	60:40	50:50
연 수익률	5.1%	5.3%	5.5%	5.6%	5.7%	5.6%
연 변동성	18%	16%	14%	12%	10%	9%
최대 낙폭	58%	53%	47%	42%	36%	29%
샤프 비율	0.29	0.34	0.40	0.47	0.55	0.65

VBMFX'를 사용했다. 재분배 주기는 1년에 한 번으로 백테스트했다. 결과는 위와 같다.

주식 100%로 투자했다면 연 수익률 5.1%, 연 변동성 18%, 최대 낙폭이 58%였다. 주식 90%에 채권 10%를 조합한 포트폴리오의 경우 연 수익률 5.3%, 연 변동성 16%, 최대 낙폭이 53%다. 주식과 채권에 반반 투자했을 때는 연 수익률 5.6%, 연 변동성 9%, 최대 낙폭 29%의 성과를 보였다. 백테스트 결과를 보면 주식에 100% 투자할 때보다 채권을 섞을 때 수익률이 소폭 개선된다. 더 중요한 것은 연 변동성과 최대 낙폭과 같은 위험 지표다. 주식에만 투자할 때보다 채권을 50% 섞었을 때 변동성과 최대 낙폭이 절반 수준으로 감소함을 알 수 있다.

매년 시장이 요동치는 것을 편안하게 바라보는 젊은 투자자가 있다면 엘리스는 그들에게 자금의 100%를 주식에 투자하라고 제시한다.

책에서 엘리스는 젊은 투자자들에게 주식에 100% 투자하는 것을 제시하는데, 이 생각에는 찬성하기 어렵다. 왜냐하면 '시장이 요동치는 것을 편안하게 바라보는' 젊은 투자자는 거의 없을 것이기 때문이다. 최소한 90%의 투자자는 시장의 변동성에 심각한 스트레스를 받을 것이고, 이로 인해 큰 손실이나 잘못된 투자관을 갖게 될 수 있다. 엘리스의 말을 이렇게 바꿔 보면 어떨까 한다. '시장이 요동치는 것을 편안하게 바라볼 수 있을 때까지는 주식과 채권의 비중을 반반 분산하라.'

자산 배분 비율은 우리가 과거에 제시한 것보다 더 주식 지향적이다. 그 이유는 이 책이 출간된 시점에 최우량 미국 정부 채권의 수익률이 0에 매우 근접했기 때문이다. 인플레이션이 2%를 밑돌더라도 향후에 금리가 오르고 채권 가격이 하락할 경우 채권 투자자들은 적정 수익률을 달성하지 못하고 자본 손실을 겪게 된다.

이 부분 역시 투자자들을 헷갈리게 할 수 있다. 저자들의 말이 틀린 것은 아니다. 하지만 다른 관점에서 생각해 볼 필요가 있다. 채권을 포트폴리오에 편입하는 근본적인 이유는 채권의 수익률이 아니라 주식과의 낮은 상관관계 때문이다. 이런 낮은 상관관계를 이용해 주식의 변동성을 낮추는 것이다. 채권의 수익률이 낮다고 하여 주식 비중을 늘린다면 포트폴리오의 변동성이 커지고 그 스트레스를 고스란히 감당해야 하는 더 큰 문제가 남게 된다.

말킬은 수년 동안 50대 투자자들에게 채권 33%, 미국 주식 33%, 외국 선진 시장 주식 17%, 신흥 시장 주식 17%로 분산 투자하는 포트폴리오를 제안해 왔다.

주식과 채권을 이용한 나이대별 분산보다 말킬이 제안한 포트폴리오는 좀 더 다양한 자산으로 다각화되어 있다. 주식을 전 세계 주가 지수에서 세 가지로 나누었다. 미국 주식, 미국을 제외한 선진 시장 주식, 신흥 시장 주식이 그것이다. 말킬의 포트폴리오는 어떤 성과를 보였을까?

책에는 2001~2010년까지의 백테스트 결과가 나와 있으나, 필자는 2001년에서 2020년 10월까지로 백테스트 기간을 연장했다. 백테스트는 각 펀드를 이용했으며 데이터 출처는 finance. yahoo.com이다.

말킬이 제안한 포트폴리오는 2010년 중반까지 미국 주식을 앞질렀으나 2017년 이후 약간 밀리는 모습을 보였다. 20년간 미국 주식의 연 수익률은 7.9%로 말킬 포트폴리오의 7.3%를 앞질렀다. 위험 지표인 변동성과 최대 낙폭에서 말킬의 포트폴리오는 미국 주식보다 훨씬 양호한 성과를 보였다. 또한 앞서 나이대

	비중	ETF 상품명 (약칭, 데이터 기간)	펀드 상품명 (약칭, 데이터 기간)
미국 주식	33%	Vanguard Total Stock Market Index (VTI, 2001.1~)	Vanguard Total Stock Market Index (VTSMX, 1992.4~)
외국 선진 시장 주식	17%	Vanguard FTSE All World (VEU, 2007.5~)	Schwab International Index (SWISX, 1997.5~)
신흥 시장 주식	17%	Vanguard FTSE Emerging Markets Index (VWO, 2005.5~)	Vanguard Emerging Markets Stock Index (VEIEX, 1994.5~)
채권	33%	Vanguard Total Bond Market Index (BND, 2007.4~)	Vanguard Total Bond Market Index (VBMFX, 1986.11~)

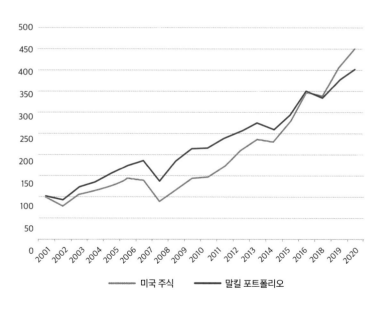

미국 주식 ——— 말킬 포트폴리오

| 해제 | 한국인을 위한 포트폴리오 소개

	미국 주식	외국 선진 시장 주식	신흥 시장 주식	미국 채권	말킬 포트폴리오	주식:채권 70:30
연 수익률	7.9%	4.0%	9.5%	4.5%	7.3%	5.6%
연 변동성	16%	17%	22%	3%	11%	12%
최대 낙폭	51%	57%	62%	4%	37%	42%
샤프 비율	0.51	0.24	0.44	1.30	0.67	0.47

별 배분 비율을 정하는 방식 중 가장 성과가 좋았던 주식 70, 채권 30 포트폴리오보다 말킬의 포트폴리오가 수익률에서 1.7% 높은 성과를 냈다. 위험 대비 수익 지표인 샤프 비율에서도 말킬의 포트폴리오가 0.67로 주식 대 채권 포트폴리오를 능가했다. 이는 주식 영역을 미국, 선진 시장, 신흥 시장으로 다각화한 영향이라고 볼 수 있다. 말킬의 포트폴리오는 수익성과 낮은 위험 등에서 좋은 모습을 보인다. 이는 50대뿐 아니라 다양한 연령대의 미국인들에게 괜찮은 포트폴리오라고 생각된다.

한국인을 위한
말킬 포트폴리오 업그레이드

말킬이 만약 이 책을 한국에서 썼다면 어땠을까? 한국인의 입장에서 구성한 포트폴리오가 궁금했다. 그래서 이 책에서 밝힌 저자들의 원칙을 지키며, 한국인 입장에서 더 나은 포트폴리오를 구성해 봤다.

자산 배분은 균형 잡힌 관점으로 접근해야 하고 투자는 폭넓게 분산되어야 한다. 무엇보다 저자들은 투자에 반드시 비용이 적게 들어야 한다고 강조한다.

저자들의 이 말에 100% 공감한다. 그런 관점에서 말킬의 포트폴리오는 미국 비중이 크다고 볼 수 있다. 전체 주식 비중 67% 중 절반인 33%가 미국 주식이니 말이다. 왜 미국 주식 비중을 크게 가져갔는지 언급하지 않아서 알 수는 없지만, 일종의 자국 편향이 아닐까 싶다. 필자는 이 부분을 조금 더 분산하기로 했다. 즉 주식 부분을 미국 주식, 선진 시장 주식, 한국 주식, 신흥 시장 주식으로 나누었다.

한국 주식이 추가된 이유는 필자의 자국 편향 때문이기도 하지만, 한국 주식 투자 시 세금이 절감되는 효과가 있기 때문이다. 일반 주식 계좌에서 ETF를 매매할 경우 매도 시 수익의 15.4%가 과세 대상인데, 한국 주식형 ETF의 경우 비과세라서 상대적으로 유리하다.

신흥 시장 우량 채권으로 분산 투자된 포트폴리오에 투자할 경우 2020년 미국 국내 수익률보다 훨씬 높은 수익률을 올릴 수 있다.

이 말 역시 공감한다. 이 책에서는 신흥 시장 채권에 대한 구체적인 언급이 없다. 하지만 한국에 사는 우리는 이런 '신흥 시장 우량 채권'에 투자하기가 수월하다. 우리나라 국채가 바로 '신흥 시장 우량 채권'이기 때문이다. 국채의 신용도는 국가의 신용도와 같다. 우리나라의 신용도는 프랑스, 영국 등과 같은 수준이며 일본, 중국보다도 높다. 즉 포트폴리오의 채권 부분을 둘로 나눠 미국 국채와 한국 국채로 분산했다.

추가로 이 책에서는 '환노출'에 대한 언급이 없다. 하지만 환노출은 통화 분산의 효과가 있다. 특히 금융시장에 위기가 올 때마다 상승하는 달러 원 환율은 공포의 대상이기도 하지만 좋은 투자처이기도 하다. 그런 관점에서 선진국 주식과 미국 국채를 환노출 상품으로 편입했다. 이를 통해 달러 투자 효과도 노리는 것이다. 변경 전후 포트폴리오는 아래와 같다.

기존 말킬 포트폴리오		한국형 말킬 포트폴리오	
구분	**비중**	**구분**	**비중**
미국 주식	33%	미국 주식	16.7%
		선진국 주식 (환노출)	16.7%
외국 선진 시장 주식	17%	한국 주식	16.7%
신흥 시장 주식	17%	신흥국 주식	16.7%
		미국 국채 (환노출)	16.7%
채권	33%	한국 국채	16.7%

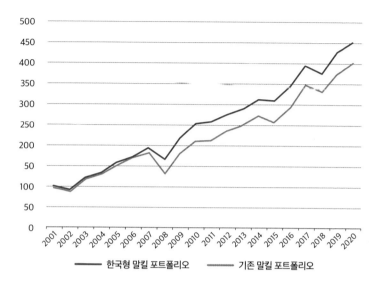

한국형 말킬 포트폴리오의 성과는 어떨까? 백테스트를 통해 비교해 보았다.[†] 위 그래프에서 직관적으로 볼 수 있듯이 한국형

[†] 백테스트 시 사용한 데이터는 미국 주식과 신흥국 주식의 경우 말킬 포트폴리오에서 사용했던 두 펀드 VTSMX, VEIEX의 데이터를 사용했다. 나머지는 국내 상장 ETF 가격을 사용했으며, ETF 상장 전 가격은 기초 지수를 이용해 추정했다. 선진국 주식(환노출)은 KODEX 선진국MSCIWorld, 한국 주식은 TIGER200, 미국 국채(환노출)는 TIGER 미국채10년선물, 한국 국채는 KOSEF 국고채10년의 수정종가를 사용했다.

포트폴리오의 경우 기존 포트폴리오와 성과는 비슷해 보인다. 다만, 2008년이나 2015년 등의 하락장에서 상대적으로 덜 빠졌음을 알 수 있다. 수치로 확인해 보면 두 포트폴리오의 연 수익률은 0.7% 정도로 큰 차이가 없다. 하지만 한국형 포트폴리오의 연 변동성은 11% 대비 3%포인트 낮은 8% 수준이고, 최대 낙폭 역시 37% 대비 18%포인트 낮은 19% 수준이다. 이로 인해 위험 대비 수익 지표인 샤프 비율에서 한국형은 1.05로 미국형의 0.67보다 좋은 모습을 보인다.

한국형 말킬 포트폴리오를 위한 국내 상장 ETF를 추천하자면 다음과 같다(2020.11.09 조회 기준).

	말킬 포트폴리오	한국형 말킬 포트폴리오
연 수익률	7.3%	7.9%
연 변동성	11%	8%
최대 낙폭	37%	19%
샤프 비율	0.67	1.05

미국 주식을 대표하는 ETF는 아래와 같다. 표에서 아래 두 개는 환노출 상품이므로 제외한다. 위 세 개의 ETF는 보수가 비슷하고 시가총액노 높은 편이다. 이느 것을 선택해도 큰 차이가 없어 보인다.

국내 ETF 상품명	보수	시가총액	추종 지수	환헤지 여부
TIGER 미국S&P500선물(H)	0.30%	1211억 원	S&P500선물	환헤지
KODEX 미국S&P500선물(H)	0.25%	952억 원	S&P500선물	환헤지
ARIRANG 미국S&P500(H)	0.30%	275억 원	S&P500	환헤지
KINDEX 미국S&P500	0.09%	565억 원	S&P500	환노출
TIGER 미국S&P500	0.30%	469억 원	S&P500	환노출

선진 시장 주식을 대표하는 ETF는 다음의 세 가지다. 마지막 ETF는 시가총액이 53억 원으로 너무 낮으며 상장폐지 가능성이 있어 제외하는 게 좋겠다. 첫 번째 상품의 시가총액이 월등히 크며, 환노출 상품이라 백테스트에서 선택하여 사용했다.

국내 ETF 상품명	보수	시가총액	추종 지수	환헤지 여부
KODEX 선진국MSCI World	0.36%	4176억 원	MSCI World	환노출
SMART 선진국MSCI World (합성 H)	0.35%	149억 원	MSCI World*	환헤지
ARIRANG 선진국MSCI (합성 H)	0.5%	53억 원	MSCI EAFE**	환헤지

* MSCI World Index는 북미를 포함한 23개 선진국의 중형 및 대형주 주가지수를 추종하는 지수.

** MSCI EAFE Index는 미국과 캐나다를 제외한 20여 선진국의 대형 및 중형주 주가지수를 추종하는 지수.

한국 주식을 대표하는 ETF는 아래와 같다. 백테스트에서는 TIGER200을 사용했으나 시가총액이 큰 상품들이 많으므로 보수가 낮은 상품 위주로 선택하면 된다.

국내 ETF 상품명	보수	시가총액	추종 지수
KODEX200	0.15%	5조 6783억 원	코스피200
TIGER200	0.05%	2조 3976억 원	코스피200
KBSTAR200	0.045%	9606억 원	코스피200
ARIRANG200	0.04%	7391억 원	코스피200
HANARO200	0.036%	7088억 원	코스피200
KINDEX200	0.090%	6924억 원	코스피200
KOSEF200	0.013%	6277억 원	코스피200

신흥 시장을 대표하는 ETF는 아래와 같다. 아쉽게도 한 가지밖에 없다. 미국에 비해 국내 ETF 상품의 다양성이 부족한 점은 다소 아쉽다.

국내 ETF 상품명	보수	시가총액	추종 지수	환헤지 여부
ARIRANG 선진국MSCI(합성 H)	0.5%	603억 원	MSCI EM*	환헤지

* MSCI Emerging Markets Index는 20여 신흥국의 대형 및 중형주 주가 지수.

미국 국채 지수를 추종하는 ETF는 아래와 같다. 환노출 상품 중에서 보수가 낮고, 시가총액이 큰 TIGER 미국채10년선물을 백테스트에서 사용했다.

국내 ETF 상품명	보수	시가총액	추종 지수	환헤지 여부
TIGER 미국채10년선물	0.29%	449억 원	미국국채 10년물	환노출
KODEX 미국채10년선물	0.30%	116억 원	미국국채 10년물	환노출
ARIRANG 미국S&P500(H)	0.30%	224억 원	미국국채 30년물	환헤지
KODEX 미국채울트라30년선물(H)	0.40%	61억 원	미국장기국채	환헤지

한국 국채 지수를 추종하는 대표 ETF는 아래와 같다. 백테스트에서는 KOSEF 국고채10년을 사용했다. 보수가 낮고, 시가총액이 큰 상품 위주로 선택하면 된다. 단, 시가총액이 너무 작은 상품은 상장폐지의 위험이 있으니 주의하는 게 좋다.

국내 ETF 상품명	보수	시가총액	추종 지수
KOSEF 국고채10년	0.15%	2234억 원	국고채 10년물
KBSTAR 국채선물10년	0.07%	164억 원	국고채 10년물
KINDEX 국고채10년	0.10%	101억 원	국고채 10년물
ARIRANG 국채선물10년	0.13%	65억 원	국고채 10년물

여섯 번째 원칙 ✦ 혼돈의 시장에서도
변하지 않는 승리의 법칙

더욱이 전 세계 주식시장이 거의 일제히 오르내리는 경향이 있을 때도

각국 증시의 실적에는 큰 차이가 있었다. 2000년대 첫 10년간 선진국과 신흥국 주식시장의 단기 변동은 거의 완벽하게 상관관계가 있었지만 시장의 장기적 성과는 크게 달랐다. 선진 시장은 10년 동안 기본적으로 바닥에서 마이너스 수익률을 기록했지만 신흥 시장은 투자자들에게 복리로 연간 10퍼센트의 평균 수익률을 안겨 주었다.

최근 몇 년간 국내에서 미국 주식 열풍이 불고 있다. 하지만 이런 분위기가 앞으로도 계속되리라는 보장은 없다. 최근성 편향을 조심할 필요가 있다. 다음 자료는 10년 단위로 미국과 다른 지역의 주가 지수 수익을 보여 준다.

최근 10년을 보면 미국 주식의 거침없는 상승을 볼 수 있다. 한국이 포함된 신흥 시장은 별 매력이 없었다. 하지만 그 이전 10년은 신흥 시장의 성과가 미국보다 더 우수했다.

2010년대

2000년대

달러 인덱스(우측) ── 미국 ── 신흥 시장

1990년대 전반기는 신흥 시장이 좋았고, 후반기는 미국의 승리다. 전체적으로 미국의 성과가 좋았다.

1970년대와 1980년대는 미국을 제외한 세계 지수가 더 좋은 성과를 보였다.

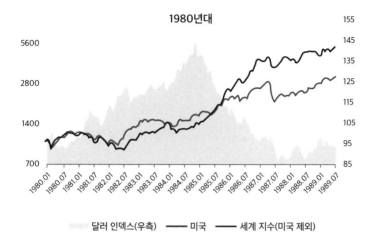

1980년대

1970년대

한국인을 위한
"합법적인 세금 절감"

이 책에서 저자들은 미국 정부가 제공하는 은퇴 계좌와 절세 계좌를 이용하라고 권고한다. 이 부분을 한국 현실에 맞는 정보로 제공하고자 아래에 필자의 졸저《마법의 연금 굴리기》내용을 일부 발췌했다.

개인연금: 연금저축

정부가 혜택을 제공하는 개인연금 제도로 연금저축이 있다. 연금저축의 핵심은 '세액 공제'에 있다. 세액 공제란 과세 소득금액에 세율을 적용하여 산출된 세액에서 세법에 규정한 일정액을 공제하여 납부할 세액을 산정하는 제도를 말한다. 연금저축 가입자는 연금저축 금액의 최대 400만 원까지 세액 공제 혜택을 받을 수 있다. 또한 연금저축 가입자들은 적립금을 운용해 얻은 이자나 배당에 대한 세금을 소득이 발생하는 즉시 내는 게 아니라 나중에 연금을 수령할 때 납부한다. 이렇게 세금을 내지 않고 자금을 장기간 운용하게 되면 그만큼 복리 효과가 커진다. 불어난 운용 수익에 대해서는 나중에 연금을 수령할 때 연금 소득세를 납부하면 되는데, 세율이 현저히 낮다. 현재 이자나 배당과 같은 금융 소득에 대한 원천 징수 세율은 15.4%인데 반해, 연금 소득에 대한 세율은 3.3~5.5%에 불과하다. 연금저축은 가입 연령에 별다른 제한을 두지 않기 때문에, 이 같은 과세 이연과 저율 과세 혜택을 갖는 연금저축은 가입자가 잘만 쓰면 '평생 절세 통장'으로 활용할 수 있다.

납입 한도는 연 1800만 원으로, 400만 원까지는 연말정산 시 세액 공제를 해 준다. 400만 원을 초과하는 추가 납입분은 세액 공제 혜택은 없으나, 과세 이연 및 저율 과세 혜택을 받을 수 있으며, 중도에 불이익 없이 언제든지 찾아 쓸 수 있다.

세액 공제는 총급여액에 따라 아래와 같이 차이가 있다.

총급여액(근로자)	세액 공제 한도	세액 공제 비율	연말정산 공제 금액
5500만 원 이하	400만 원	16.5%	66만 원
5500만 원 초과 ~1억 2000만 원 이하	400만 원	13.2%	52.8만 원
1억 2000만 원 초과	300만 원	13.2%	39.6만 원

연금 수령은 최소 5년 이상 납입해야 하고, 55세부터 10년 이상 연금으로 수령해야 연금 소득으로 과세(3.3~5.5%)된다. 이 조건을 만족하지 못하는 경우 기타 소득세(16.5%)가 부과된다.

연금저축은 금융권역별로 은행의 연금저축 신탁, 자산 운용사의 연금저축 펀드, 보험사의 연금저축 보험으로 구분된다. 상품 유형마다 납입 방식, 적용 금리, 연금 수령 방식, 원금 보장 및 예금자 보호 여부에 있어서 약간의 차이가 있다. 증권사에서 가입하는 연금저축 펀드를 추천한다. 이유는 ETF를 직접 운용하기 좋고, 타 금융사 대비 증권사가 비용이나 수수료가 저렴하기 때문이다.

퇴직 연금: IRP

개인형 퇴직 연금 제도Individual Retirement Pension, IRP란 취업자가 재직 중에 자율로 가입하거나 이직 시 받은 퇴직 급여 일시금을 계속해서 적립·운용할 수 있는 퇴직 연금 제도다. 연간 1800만 원까지 납입 가능하며, 최대 700만 원까지 세액 공제 대상이 된다. 운용 기간에는 운용 수익에 대한 과세 이연 혜택이 부과되며, 퇴직 급여 수급 시 연금 또는 일시금으로 수령할 수 있다.

모두를 위한 절세 통장: ISA

ISA란 '개인 종합 자산관리 계좌Indivisual Saving Account'로서 저금리·저성장 시대에 개인의 종합적 자산 관리를 통한 재산 형성을 지원하려는 취지로 도입한 절세 계좌를 말한다. 한 계좌에서 다양한 금융 상품을 담아 운용할 수 있다. 일정 기간 경과 후 여러 금융 상품 운용 결과로 발생한 이익과 손실을 통산한 후 순이익을 기준으로 세제 혜택을 부여하는 특징이 있다. 가입 한도는 연 2000만 원, 총 1억 원까지 가능하며, 소득 수준과 무관하게 가입이 가능하다는 장점이 있다.

우선 순위를 정하는 방법은 다음과 같다. 연금저축, IRP, ISA 모두 절세를 위한 좋은 상품이다. 다만, 그 취지에 따른 특성이 다르다. 우선 연금저축과 IRP는 퇴직 준비 자금이라는 목적에 맞춰 나온 상품이다. 따라서 55세 이후에 연금 수령을 목적으로 하는 자금을 운용하는 게 좋다. ISA는 3년의 의무 기간이 필요하다. 중기 투자금에 적합한 상품이다. 어느 계좌부터 돈을 넣는 게 나을까?

결론부터 이야기하면 자금의 크기에 따라, ①연금저축에 400만 원, ②퇴직 연금에 300만 원, ③다시 연금저축에 1100만 원의

순서로 납입하는 게 좋다. (총급여액 1억 2000만 원 초과 시는, ①연금
저축에 300만 원, ②퇴직 연금에 400만 원, ③연금저축에 1100만 원의 순서
임) ①과 ②는 세액 공제를 최대한 받기 위한 것이고, ③은 두 개
의 연금에 대한 연간 납입 한도인 1800만 원에 맞춰 추가 자금을
납입하는 것인데, 세액 공제는 못 받지만 과세 이연과 연금 수령
시 저율 과세 효과를 누릴 수 있다. IRP가 아닌 연금저축에 납입
하는 이유는 IRP에 비해 투자할 수 있는 ETF 상품이 다양하므로
자금 운용 효율을 높일 수 있기 때문이다. 또한 IRP에는 안전 자
산 의무 비율 30% 제한이 있으나 연금저축에는 제한이 없다.

연금 계좌들에 1800만 원을 납입한 후 투자할 여력이 있으면
ISA 계좌에 납입한다. ISA는 계좌를 3년간 해지하지 않아야 하는
조건이 있다. 연금 계좌들과의 차이점은 납입 가능 금액이 5년간
총 1억 원으로 크다는 점이다. 55세까지 보유 조건이 없으므로
중장기 투자용으로 적합한 계좌다. 연금 계좌에 납입한 금액을
제외한 나머지 투자금을 ISA에 넣어서 퇴직 준비 금액으로 운용
할 수 있다.[†]

[†] 김성일, 《마법의 연금 굴리기》, 에이지21, 95~104.